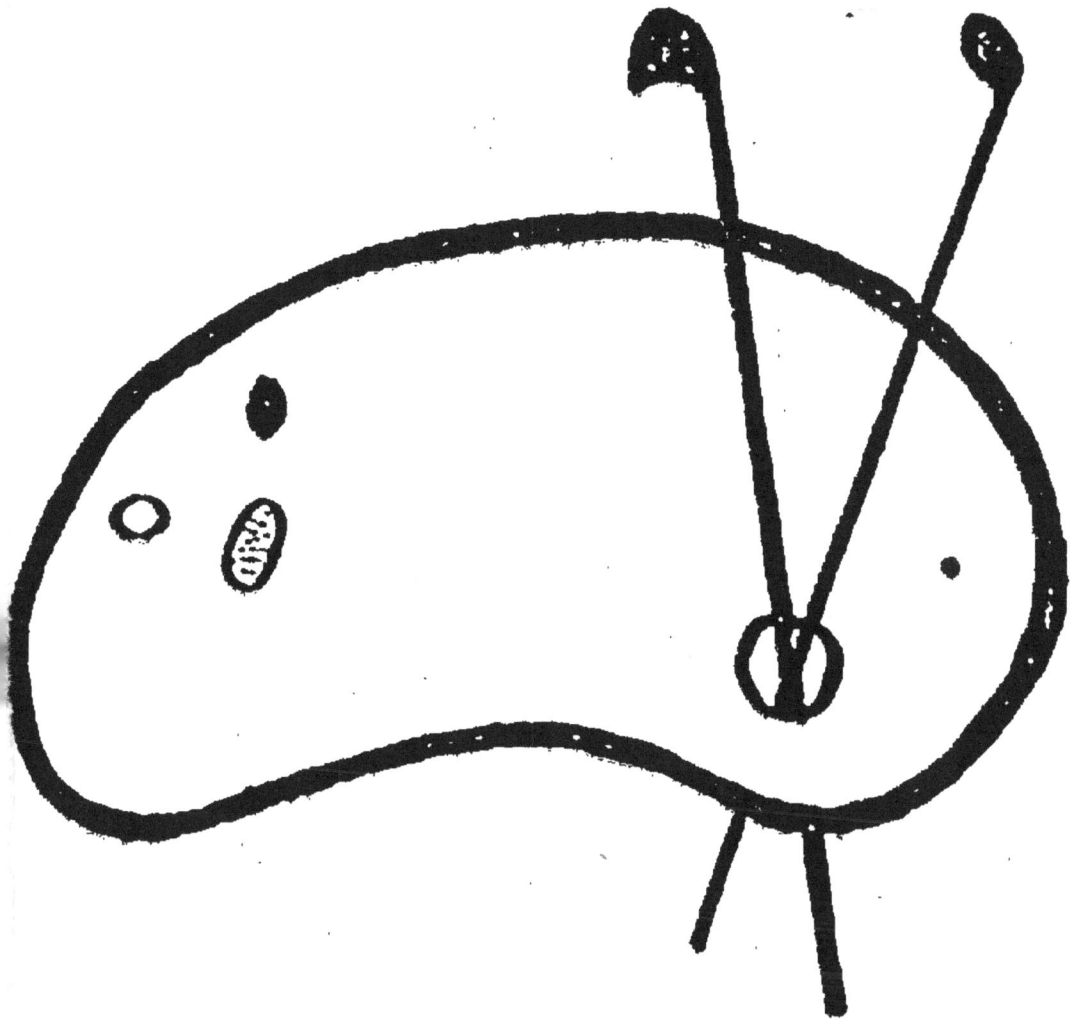

COUVERTURE SUPERIEURE ET INFERIEURE
EN COULEUR

L'ANCIENNE

ALEXANDRIE

ÉTUDE

ARCHÉOLOGIQUE ET TOPOGRAPHIQUE

PAR

LE Dʳ NÉROUTSOS-BEY

MEMBRE DE L'INSTITUT ÉGYPTIEN

~~~~~~~~~~

PARIS

ERNEST LEROUX, ÉDITEUR

28, RUE BONAPARTE, 28

—

1888

ERNEST LEROUX, Éditeur, 28, rue Bonaparte.

MÉMOIRES PUBLIÉS PAR LES MEMBRES
DE LA
MISSION ARCHÉOLOGIQUE FRANÇAISE AU CAIRE

Sous la direction de M. MASPERO, membre de l'Institut.

TOME I

PREMIER FASCICULE

U. BOURIANT. Deux jours de fouilles à Tell el-Amarna.
V. LORET. Le tombeau de l'Amxent Amen-Hotep.
U. BOURIANT. L'église copte du tombeau de Déga.
V. LORET. La stèle de l'Amxent Amen-Hotep.
H. DULAC. Quatre contes arabes en dialecte cairote.
V. LORET. La tombe de Kham Ha.
In-4°, avec planches noires et en couleur. 23 fr.

DEUXIÈME FASCICULE

G. MASPERO. Trois années de fouilles dans les tombeaux de Thèbes et de Memphis.
U. BOURIANT. Les papyrus d'Akhmim.
V. LORET. Quelques documents relatifs à la littérature et à la musique populaires de la Haute-Egypte.
In-4°, avec 9 planches en couleur, 2 planches noires, 40 planches de musique. 40 fr.

TROISIÈME FASCICULE

U. BOURIANT. Rapport au ministre de l'instruction publique sur une mission dans la Haute-Egypte (1884-1885).
P. RAVAISSE. Essai sur l'histoire et sur la topographie du Caire d'après Makrizi (Palais des Khalifes Fatimites). Avec plans en couleur.
PH. VIREY. Etude sur un parchemin rapporté de Thèbes. Avec une héliogravure du papyrus en 4 planches.
In-4, avec plans en couleur, et planches en héliogravure. 30 fr.

QUATRIÈME FASCICULE (sous presse).

LES MOMIES ROYALES DE DÉIR EL BAHARI, par M. MASPERO.
PIÈCES RELATIVES A LA FONDATION ET A L'HISTOIRE DE LA MISSION ARCHÉOLOGIQUE FRANÇAISE AU CAIRE, pendant la première période de son existence (1880-1886).

TOME II

LES HYPOGÉES ROYAUX DE THÈBES, par M. G. LEFÉBURE, 1re partie. Le tombeau de Séti 1er publié in-extenso avec la collaboration de MM. U. Bouriant et V. Loret, membres de la mission archéologique du Caire et avec le concours de M. Edouard Naville.
In-4, avec 136 planches. 75 fr.

TOME III

LES HYPOGÉES ROYAUX DE THÈBES, par M. G. LEFÉBURE, IIe partie. Le tombeau de Ramsès IV et IIIe partie (sous presse).

Sous la direction de M. GRÉBAUT, directeur de la mission archéologique au Caire

TOME IV

MONUMENTS POUR SERVIR A L'HISTOIRE DE L'EGYPTE CHRÉTIENNE AUX IVe et Ve SIÈCLES. Documents coptes et arabes inédits, par E. AMÉLINEAU.
Un fort volume In-4. 60 fr.

ANGERS. — IMP. A. BURDIN ET Cie, 4, RUE GARNIER

L'ANCIENNE

ALEXANDRIE

ÉTUDE

ARCHÉOLOGIQUE ET TOPOGRAPHIQUE

ANGERS, IMPRIMERIE BURDIN ET Cie, RUE GARNIER, 4.

L'ANCIENNE
ALEXANDRIE

ÉTUDE
ARCHÉOLOGIQUE ET TOPOGRAPHIQUE

PAR

LE D' NÉROUTSOS-BEY
MEMBRE DE L'INSTITUT ÉGYPTIEN

PARIS
ERNEST LEROUX, ÉDITEUR
28, RUE BONAPARTE, 28

—

1888

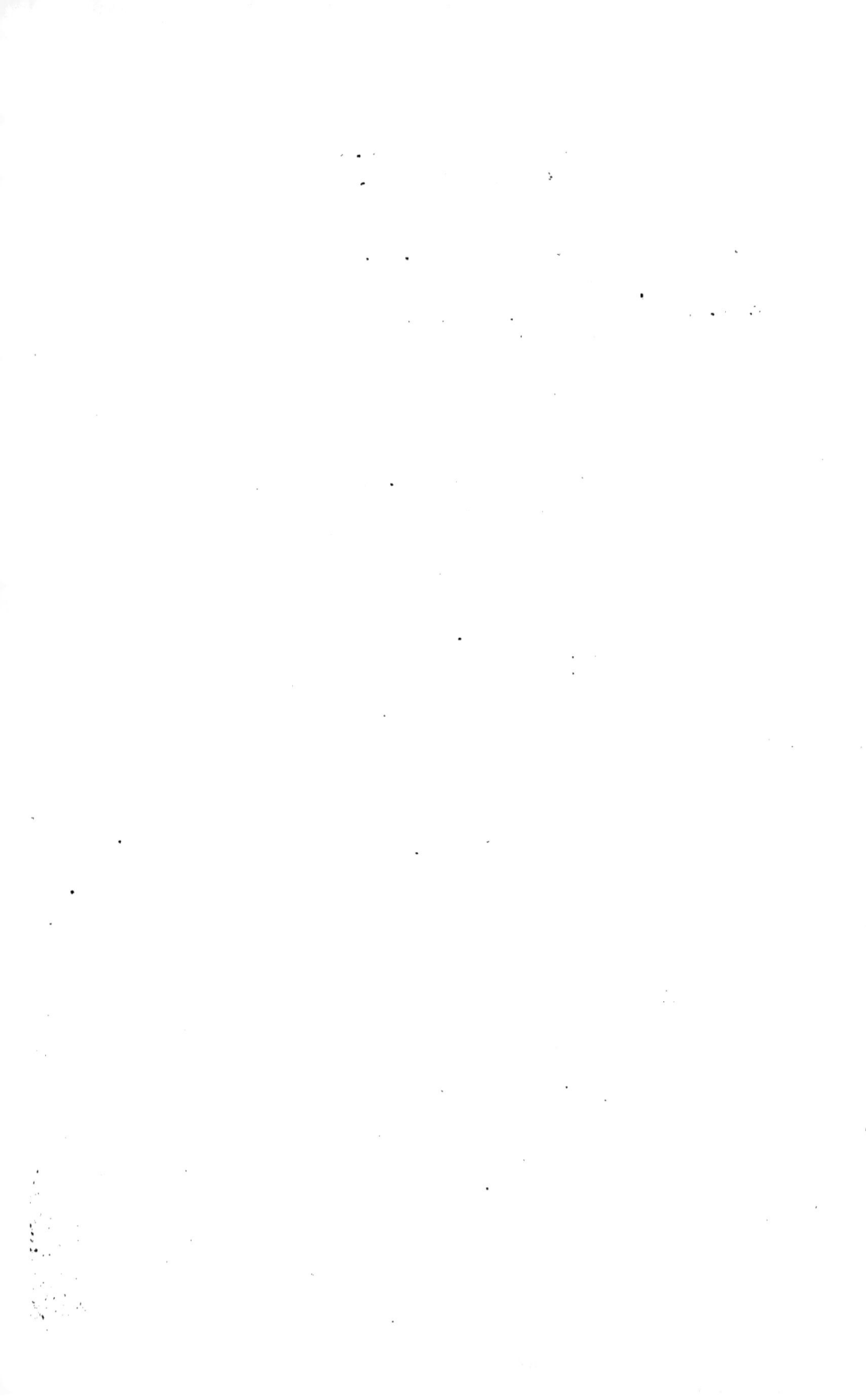

INTRODUCTION

Tandis que l'archéologie égyptienne jouit de la haute protec-
tion de la dynastie régnante, en ce qui regarde les monuments
pharaoniques, et que le musée de Boulaq s'enrichit chaque jour
de véritables trésors tirés des fouilles exécutées aux frais du
gouvernement, la ville d'Alexandrie, la cité des Ptolémées, est
loin d'être l'objet de la même sollicitude. Et l'on ne songe ni à
conserver le peu de monuments qui y restent encore, ni à entre-
prendre des fouilles scientifiques et méthodiques pour découvrir
d'autres restes de l'antiquité que la ville moderne, avec ses nouvelles constructions, va peut-être recouvrir pour toujours.

Les seuls travaux de quelque importance archéologique exé-
cutés à Alexandrie ont été les fouilles, sondages et nivellements
faits en 1866 par Mahmoud-Bey, aux frais du gouvernement
égyptien, à l'effet de dresser un plan de l'antique Alexandrie,
lequel avait été demandé par l'empereur Napoléon III, pour
servir à son *Histoire de Jules César*. D'autre part, les catacombes
de la grande nécropole macédonienne de l'ouest sont déjà en
grande partie détruites, et le reste en est comblé; les catacombes
chrétiennes situées au delà du Sérapéum, avec la chapelle funéraire et les cubicula y attachés, ont eu le même sort, comme
aussi les sépultures juives, chrétiennes et païennes de l'autre

nécropole grecque et romaine à l'est de la ville, sur le rivage de la mer. Les derniers vestiges des ruines du temple de Cérès et de Proserpine, à Éleusis, aujourd'hui appelée Khâdra, avec les colosses d'Antoine et de Cléopâtre figurant Osiris et Isis [1], dont les débris gisaient par terre, ont disparu. Il ne reste plus trace du camp romain (στρατόπεδον) de Nicopolis, avec ses tours, ses bains, son prétoire et le superbe parquet en mosaïque d'une grande valeur artistique qui ornait ce dernier [2]; cependant, cette forteresse et cette mosaïque étaient encore intactes il y a quinze ans. On a démoli ces ruines grandioses, et l'on a converti en matériaux de construction, pour des bâtisses modernes, les pierres de ce monument d'architecture militaire romaine, ainsi que celles du cimetière contigu où étaient ensevelis les soldats et officiers des légions qui y tenaient garnison sous les empereurs romains et byzantins.

De même, à l'oppidum de Nicopolis, aujourd'hui Ramleh, le petit édicule d'ordre dorique qui, à la distance d'un kilomètre environ du camp romain, surplombait presque, autrefois, sur les flots de la mer, et que Colonna-Ceccaldi, bien qu'il ne s'agît que d'une chapelle funéraire (ou héröon) placée au-dessus d'un tombeau, désigne erronément sous le nom de temple de Vénus Arsinoé, n'existe plus. C'était un monolithe taillé dans la masse du rocher : la pierre calcaire, tendre et dégarnie de son enduit en plâtre, est tombée en délitescence par l'action des exhalaisons salées de la mer, et s'est réduite en poussière que les vents ont dispersée.

La tour romaine, en blocs énormes et en pierre de taille, découverte et déblayée en 1873, sur la colline qui se trouve à l'ouest de la station Schutz du chemin de fer anglais de Ramleh, a été aussi démolie peu de temps après son déblaiement, et les pierres en ont été vendues.

---

1. Αὐτὸς μὲν ['Αντώνιος] Ὄσιρις καὶ Διόνυσος, ἐκείνη δὲ [Κλεοπάτρα] Σελήνη τε καὶ Ἶσις λέγοντες εἶναι. Dio Cass., L, 5.
2. Au milieu du parquet se dessinait un Bacchus tenant une grappe de raisin et un thyrse; une inscription au coin du côté Est portait : CEMPRON. CTRAVIT. ℣

Des deux obélisques en granit qui, transportés d'Héliopolis, avaient été érigés, sous le règne de César Auguste, devant le temple qui portait son nom, l'un, après être resté, pendant des siècles, gisant sur le sol et enfoui dans les décombres, a été donné aux Anglais et enlevé par eux, en 1877, pour être érigé à Londres; l'autre, qui demeuré debout jusqu'alors, a été donné aux citoyens des États-Unis d'Amérique, fut transporté, trois ans après, en 1880, à New-York.

De telle sorte que, si l'on excepte la colonne de Dioclétien, quelques fragments épars d'architecture et les substructions d'édifices difficiles à reconnaître, il ne subsiste plus rien de l'ancienne Alexandrie.

Les vestiges d'autres monuments importants passent inaperçus ou sont recouverts par des constructions modernes; et chaque jour des statues et des inscriptions bien autrement intéressantes sont, malgré la défense du gouvernement égyptien, emportées à l'étranger et à jamais perdues pour le pays et pour la science.

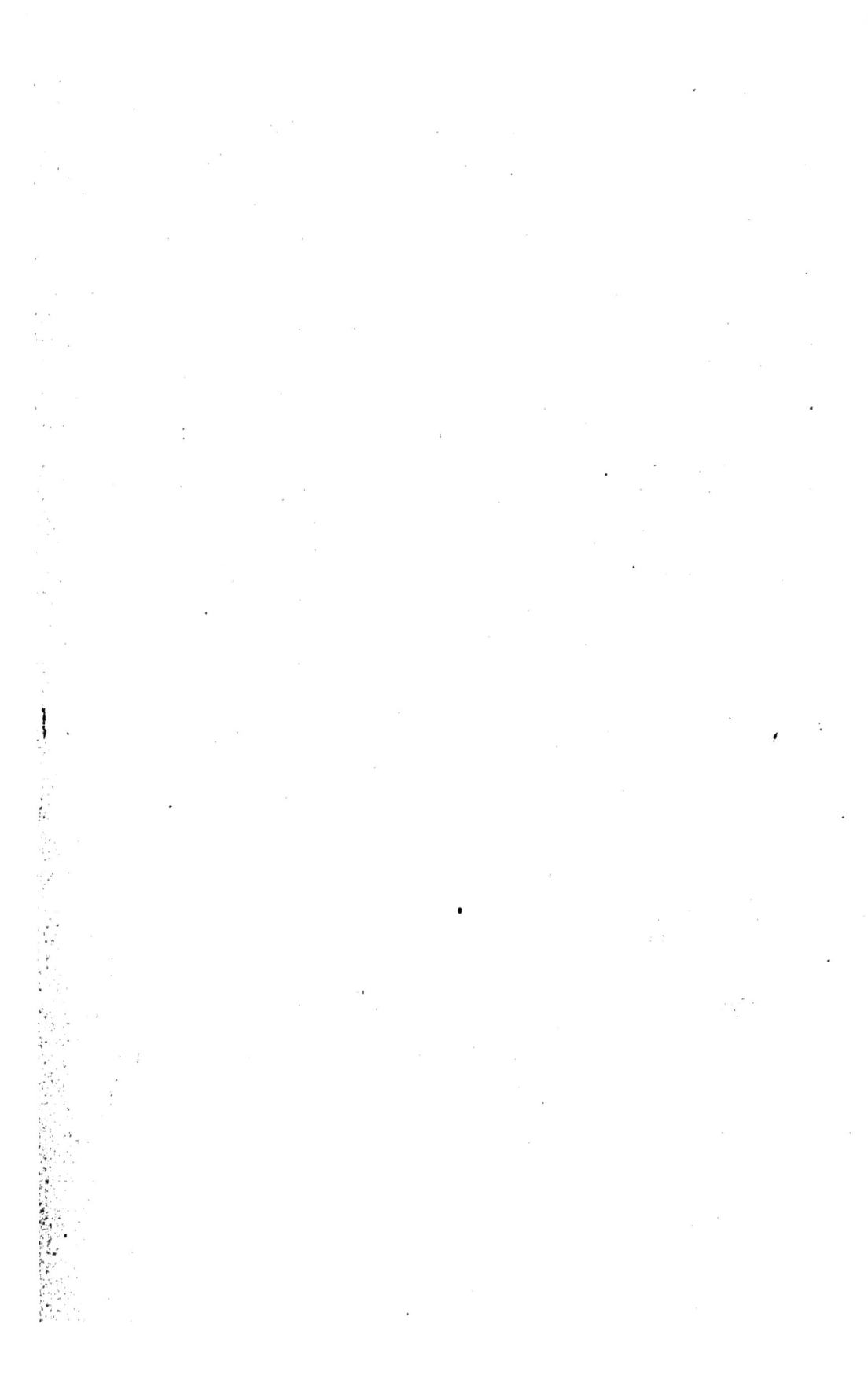

ÉTUDE

SUR LES FOUILLES EXÉCUTÉES

A ALEXANDRIE

PENDANT LES DERNIERS DOUZE ANS

(1874-1885)

CHAPITRE PREMIER

TEMPLE D'ISIS πλουσία ET LES CINQ QUARTIERS DE LA VILLE

C'est par hasard, à la suite d'excavations fortuites ou entreprises par des particuliers, que j'ai eu connaissance de trouvailles, souvent extrèmement intéressantes et significatives, appartenant à l'époque grecque ou romaine, et qui ont fait l'objet de communications soit à l'Institut égyptien, soit à l''Αθήναιον, soit à l'École française d'Athènes.

Ainsi, en 1872, pendant le creusement des fondations d'une nouvelle maison appartenant à feu le comte Joseph de Zogheb, au croisement de la rue Nébi-Daniel avec la rue de l'Hôpital grec, j'ai remarqué, en passant, les vestiges d'un temple et un fût de colonne tronquée, orné d'une inscription indiquant que cette colonne était la base d'une statue dédiée *à la très grande déesse Isis de l'Abondance* (Θεᾷ μεγίστῃ Ἴσιδι πλουσίᾳ), par Tibère Jules-Alexandre, à l'occasion de sa nomination au poste de commandant de la cohorte première-flavienne et d'intendant du marché de la deuxième circonscription de la ville (lettre Bêta), l'an XXI de l'empereur Antonin le Pieux (le 26 août 158 de notre ère).

Dans une note que je communiquai alors à l'Institut égyptien, je déclarai que le temple d'Isis de l'Abondance ('Ισις πλουσία) devait être là, à quelques centaines de pas au sud-est de l'église copte de Saint-Marc, et j'ajoutai que, puisque la dédicace de la statue de la déesse par Tibère Jules-Alexandre avait été faite à l'occasion de sa nomination aux fonctions d'inspecteur du marché du deuxième arrondissement, il était tout naturel d'inférer que le temple en question était situé dans ce même quartier, lequel, aux temps des empereurs romains, était désigné par la lettre *Béta*. Ceci rappelle le passage de Philon où il est dit que, de son temps, Alexandrie était divisée en cinq circonscriptions portant le nom des cinq premières lettres de l'alphabet grec [1]; et cet autre passage, où Flavius Josèphe nous apprend que le quartier appelé lettre *Delta* était habité exclusivement par les Juifs [2]. Ce quartier était situé au delà du Bruchium, sur le bord de la mer, à l'est.

---

1. Πέντε μοῖραι τῆς πόλεις εἰσων, ἐπώνυμοι τῶν πρώτων στοιχείων τῆς ἐγγράμματος φωνῆς· τούτων δύο Ἰουδαϊκαὶ λέγονται. Phil., *Ad Flacc.*

2. Τὸ καλούμενον Δέλτα· συνῴκιστο γὰρ ἐκεῖ τὸ Ἰουδαϊκόν. Flav. Joseph., *Bell. Jud.*, II, 8.

CHAPITRE II

Pendant l'année 1874, comme on creusait les fondations des deux nouvelles maisons de Cattaouy-Bey et celles d'une troisième maison devant la mosquée Nébi-Daniel, sur le prolongement de la rue qui porte le nom de cette mosquée, et où avaient été trouvés les vestiges du temple d'Isis mentionné plus haut, on découvrit, rangées en ligne parallèle au bord de la rue, des colonnes entières en granit, d'ordre dorique, ainsi que d'autres colonnes de marbre plus grandes et d'ordre corinthien, qui gisaient un peu plus en dedans. Celles-ci appartenaient évidemment à quelque temple ou palais, et, suivant toute probabilité, au Musée.

La longue série de colonnes en granit renversées sur la ligne de la rue actuelle de Nébi-Daniel indique que celle-ci est tracée sur le sol de l'ancienne rue transversale qui commençait à l'un des ports du fleuve pour aboutir au grand port maritime. Elle devait avoir sur sa droite le grand mausolée du Sôma, et sur sa gauche le corps des bâtisses royales dont nous parlions tout à l'heure, et que nous croyons avec Mahmoud-Bey avoir été le Musée. Elle traversait ensuite perpendiculairement la large avenue longitudinale (ἐπὶ μῆκος πλατεῖα ὁδός ou δρόμος, c'est-à-dire *cursus*), mieux connue sous le nom de rue Canopique, passait devant le temple d'Isis, et l'Emporium, à gauche, l'Adrianéum et le Césaréum, à droite, et débouchait enfin sur le quai du grand port maritime et la place d'embarquement à côté des deux obélisques. Cette rue transversale, que j'appellerai la rue du Sôma, était longée dans tout son parcours, depuis le fond de l'ancien port du fleuve appelé *Phialé* (dans la propriété actuelle de Gourbâl) jusqu'à la mer, par un aqueduc souterrain, parallèle à la rue qui conduisait l'eau douce dans les temples, les palais, les établissements de commerce et l'aiguade qui donnait sur le grand port. Une partie voûtée de cet aqueduc qui longeait le mur ouest du Césaréum, a aussi été découverte dans la direction du jet d'eau douce de l'ancienne aiguade qui jaillit au milieu des eaux salées de la mer, et qu'on voit sortir, pendant les calmes, des ruines submergées de l'ancienne place ouverte jadis devant les deux obélisques et que la mer a recouverte.

C'est de cette rue du Sôma que parle Achille Tatius dans son roman, quand il fait dire à Clitophon ce qui suit : « Après un voyage de trois jours, nous arrivâmes à Alexandrie. La première chose qu'on remarquait en entrant par *la porte dite du Soleil* (c'est-à-dire *la porte orientale* ou de Canope), était la beauté resplendissante de la ville dont la vue remplissait mes yeux de plaisir. Une rangée de colonnes en ligne droite se dressait de part et d'autre, *depuis la porte du Soleil jusqu'à celle de la Lune* (*la porte occidentale*) : c'est ainsi qu'on les appelle, du nom des divinités qui veillent à ces deux entrées. Au milieu de ces colonnades était la place publique, et la marche sur cette place était longue, semblable à un voyage à travers la ville. En m'avançant ainsi à quelques stades dans l'intérieur de la ville, *je suis arrivé à l'endroit qui porte le nom d'Alexandre, et de là j'ai pu voir l'autre moitié de la ville* dont la beauté égalait celle de la partie parcourue jusque-là. Car, *de même que les colonnades se prolongeaient en ligne droite devant moi, d'autres colonnades pareilles se faisaient aussi voir des deux côtés qui leur étaient perpendiculaires.* » (Achille Tatius, *Leucippe et Clitophon*, V, 1-1.)

Mahmoud-Bey paraît être dans l'erreur quand il croit qu'Achille Tatius, dans sa description, a voulu parler d'une autre rue transversale, de la même largeur que la rue Canopique, et appelée, elle aussi, ϑρόμος ou τὸ κατὰ τὴν πόλιν στάδιον, qui, sortant d'un autre port du fleuve dont on a découvert le quai devant la propriété Ibrahim-Pacha (au voisinage de la mosquée de la princesse-mère du khédive Ismaïl), se terminait tout près du port maritime réservé aux bateaux particuliers des rois, et près de l'arsenal royal, à côté du cap Lochias.

Achille Tatius, qui était natif d'Alexandrie, et connaissait bien la ville, écrivait ce qui précède au commencement du vᵉ siècle de notre ère, époque où la partie de la ville traversée par la rue dont parle Mahmoud-Bey, et tout le Bruchium, n'existaient plus. Ce quartier avait été entièrement détruit la dernière année du règne d'Aurélien, en 275 de notre ère. Du temps de saint Jérôme, vers l'an 420, il servait d'asile à quelques ermites, et, un siècle après, saint Épiphane nous dit que le Bruchium était absolument désert.

Il peut se faire cependant que le romancier dans son ouvrage ait voulu parler de l'Alexandrie d'autrefois et non pas de la ville de son temps, et que, par conséquent, il ait décrit, non pas la rue du Sôma, mais la rue transversale principale, comme dit Mahmoud-Bey, celle qui était appelée τὸ κατὰ τὴν πόλιν στάδιον. Toutefois un fait reste acquis à la topographie de l'ancienne Alexandrie, à savoir, l'existence d'une rue transversale avec des colonnades de part et d'autre, partant d'une station fluviale, connue sous le nom Φιάλη, du temps de Justinien, pour conduire au grand port maritime, devant l'Emporium et le Césaréum. Ajoutons que, des deux côtés de cette rue se trouvaient des édifices publics considérables, comme le Musée, le Sôma ou lieu d'Alexandre (τόπος Ἀλεξάνδρου), le temple d'Isis de l'Abondance, et, comme nous allons voir plus loin, le palais du gouvernement sous les empereurs, depuis Adrien jusqu'à Licinius et, plus tard encore, au ivᵉ siècle.

CHAPITRE III

A la fin de l'année 1874, pendant le creusement des fondations de la nouvelle maison Zahâr-Debbané, sur le boulevard de Ramleh, entre la grande synagogue et l'obélisque renversé, transporté depuis sur la rive de la Tamise à Londres, on a trouvé d'énormes maçonneries en blocs de pierre calcaire et de grès, et dont quelques-unes étaient marquées d'entailles formant les figures m ou ṁ parfaitement semblables à celles qu'on a observées, à la même époque, sur les pierres en tuf de l'ancienne muraille de l'Aventin et sur les pierres des anciens murs d'enceinte et des tours de Servius, à Rome.

Cette maçonnerie représentait les fondements d'un mur longitudinal d'une épaisseur d'environ trois mètres et demi et d'un mur transversal d'une épaisseur de deux mètres et demi. Le premier commençait à la rue actuellement appelée boulevard de Ramleh, en face de l'obélisque renversé, et se dirigeait du nord nord-ouest au sud sud-est, vers le flanc de la synagogue actuelle des Juifs. L'autre mur, faisant angle avec le premier, se dirigeait de l'ouest sud-ouest à l'est nord-est, parallèlement aux bases des deux obélisques.

J'avais sous les yeux l'angle ouest de quelque temple ou palais, dont les fondements allaient se perdre au-dessous du petit quartier arabe situé devant la gare du chemin de fer anglais de Ramleh, entre les deux obélisques et la synagogue. La masse et la grandeur des blocs extraits était énorme et donnait l'idée de l'importance de l'édifice auquel ils avaient servi de base. Or,

Pline nous dit formellement (*Hist. nat.*, XXXVI. 14. 8) qu'il y avait à Alexandrie, près du port, *dans le temple de César*, deux obélisques de quarante-deux coudées. L'expression *dans le temple* ne signifie pas autre chose que *dans l'enceinte sacrée*, devant le pylône ou le pronaos, de chaque côté de l'entrée. Ce témoignage se rapporte exactement aux lieux où se trouvaient, quand je les vis, les ruines des fondations mentionnées ci-dessus. L'emplacement du *Césaréum* était, par conséquent, bien déterminé, et nous voyons ainsi que l'axe du temple était dirigé du nord-nord-ouest au sud-sud-est, que la façade était dans une direction parallèle à la ligne des deux obélisques, de l'ouest-sud-ouest à l'est-nord-est, et qu'elle concordait avec la direction des rues longitudinales de l'ancienne ville, telles que les ont révélées les fouilles faites par Mahmoud-Bey et relatées dans son mémoire sur l'antique Alexandrie.

Le Καισάρειον ou *templum Caesaris* commencé pendant les dernières années du règne de Cléopâtre pour servir de temple en l'honneur d'Antoine, puis resté inachevé à la suite des événements qui causèrent la mort de l'un et de l'autre, fut terminé sous le règne d'Auguste pour être consacré, de son vivant, à son culte [1]. Depuis lors le temple était appelé encore Σεβάστειον, c'est-à-dire *temple d'Auguste*, en grec Σεβαστὸς, et voici la description qu'en fait Philon d'Alexandrie (*De virt. et legat. ad Gajum*, 22) : « Il n'y a sanctuaire au monde comme celui qu'on appelle *Sébastéum*, *temple de César, patron des navigateurs* (ἐπιβατηρίου Καίσαρος νεών) [2]. Ce temple, très grand et très apparent, et dont il n'existe pas un pareil ailleurs, s'élève majestueusement en face

---

1. Ἀντωνίῳ δὲ ᾠκοδόμει [Κλεοπάτρα] νεὼν μέγαν, ὅσπερ οὖν ἡμίεργος ἀπελείφθη, τῷ Σεβαστῷ δὲ ἐτελέσθη. Suidas, v. ἡμίεργον. — D'après Dion Cassius (LI, 15), c'est dans ce sanctuaire inachevé qu'Antyllus, fils aîné d'Antoine et de Cléopâtre, se réfugia après la catastrophe de sa mère, et fut mis à mort par ordre d'Octave Auguste : Ἀντύλλος μὲν καίτοι... εἰς τὸ τοῦ πατρὸς αὐτοῦ ἡρῷον, ὃ ἡ Κλεοπάτρα ἐπεποιήκει, καταφυγών, εὐθὺς ἐσφάγη.

2. D'après Pausanias (II, 32, 2), il y avait à Trézène aussi un petit temple d'Apollon ἐπιβατήριος, dédié par un certain Diomède, échappé au danger pendant une tempête. Ναὸς Ἀπόλλωνός ἐπιβατηρίου, Διομήδους ἀνάθημα. ἐκφυγόντος τὸν χειμῶνα.

des ports les plus sûrs, il est rempli d'ornements votifs consistant en tableaux, en statues et en objets d'argent et d'or; il est entouré d'un enclos très large et pourvu de portiques, de bibliothèques, d'appartements d'hommes, de bois sacrés, de propylées, de lieux vastes et de salles à ciel ouvert, en un mot de tous les embellissements les plus somptueux. Il est l'espoir du salut, et pour ceux qui s'embarquent ici, et pour ceux qui y arrivent de retour de leur voyage. »

D'après ce passage de Philon, qui écrivait sous le règne de Gaïus Caligula, l'an 40 de l'ère vulgaire, on voit que le Césaréum ou Sébastéum était dédié à Auguste, Σεβαστός, sous l'invocation du *dieu César, patron des navigateurs*, et que les marins et voyageurs, sortant du port ou y revenant, y priaient ou remerciaient les dieux pour leur heureux retour : ἐλπὶς καὶ ἀναγομένοις τε καὶ καταπλέουσι σωτηρίας.

Cette dernière circonstance est confirmée par un fragment d'inscription gravée sur une petite tablette en marbre blanc, de celles qu'on appelle ordinairement en Égypte *proskynèmes*, et qui a été trouvée parmi les débris du temple, près du conduit souterrain qui passait devant les fondements du mur de l'ouest. Elle était gravée sur quatre lignes; les derniers mots manquaient, mais étaient très faciles à compléter. L'inscription était conçue en ces termes :

ΔΕΚΑΝΩΝ ΤΩΝ ΕΝ ΣΤΟΛΩ ΠΡΑΙΤΩΡΙΩ [ΤΟ ΠΡΟΣΚΥΝΗΜΑ]
ΘΕΩΝ ΚΑΙΣΑΡΩΝ ΕΝ ΤΗΔΕ ΤΗ ΣΤΗΛΗ [ΑΝΑΓΕΓΡΑΠΤΑΙ]
ΚΑΙΣΑΡΟΣ Λ · ΑΥΡΗΛΙΟΥ ΟΥΗΡΟΥ ΣΕΒΑΣ
ΤΟΥ ΕΚΤΩ [ΕΤΕΙ]

c'est-à-dire : « De la part des décurions qui se trouvent dans l'escadre prétorienne, acte d'adoration aux dieux Césars, inscrit dans cette stèle ; de César Lucius Aurèle Vérus Auguste la sixième année. »

Cette inscription date de l'année 166 de notre ère, puisqu'elle mentionne la sixième année du règne de César L. Aurèle Vérus qui, au moment où Marc-Aurèle montait sur le trône, fut associé par ce dernier à l'empire avec le titre d'Auguste, en 161. Elle

paraît être l'inscription commémorative d'un acte d'adoration fait
aux dieux Césars, c'est-à-dire à Auguste et à ses successeurs, divi-
nisés comme lui, par les décurions ou sous-officiers des troupes
de la marine qui montaient l'escadre prétorienne d'Alexandrie,
et qui venaient sans doute d'arriver de quelque expédition.

La flotte égyptienne, après la mort de Cléopâtre et l'annexion
de son royaume à l'empire, fut incorporée à la flotte impériale et
nommée escadre d'Alexandrie, *classis Alexandrina*, sous le commandement d'un *praetor*, d'où sa dénomination de στόλος πραιτώ-
ριος ou *classis praetoria*. Sur une stèle de Malaca, en Bétique, de
la fin du IIᵉ siècle, il est fait mention de *Lucius Valerius Procul*
en qualité de *praefectus classis Alexandrinae* (*Corp. Inscr. Lat.*,
II, 1970), et, sur un ostracon du Musée du Louvre, il est parlé
du vaisseau amiral de l'escadre d'Alexandrie, πλοῖον πραιτώριον. Les
soldats de la marine, *milites classici*, étaient sous les ordres de
leurs propres officiers et sous-officiers, en grec δεκανοί; ces derniers
sont les décurions mentionnés dans la stèle qui nous occupe.

On peut considérer comme une dédicace analogue des sous-
officiers une autre inscription déjà connue, qui fut trouvée en 1860
au camp romain de l'oppidum de Nicopolis, et qu'a décrite Co-
lonna Ceccaldi. Dans cette inscription il est dit que les décurions
et les soldats des deux corps de cavalerie faisant partie de la
garnison, érigèrent, à leurs frais, un monument en l'honneur de
Septime Sévère, lors de son septième tribunat, qui correspond
à l'an 199 de notre ère, c'est-à-dire trente-trois ans après l'inscription des décurions de la marine au temple des Césars, dans
la ville d'Alexandrie.

Les blocs des fondements du Césaréum étaient, les uns en
calcaire d'un grain homogène et blanc, et les autres en grès et
en marbre. Travaillés diversement, ils conservaient des restes
d'ornementation en style grec et en style romain, voire même en
style ecclésiastique byzantin; circonstance qui confirme la trans-
formation du temple de César en église chrétienne, sa destruction
répétée et sa reconstruction sur le même plan avec les pierres du
temple ruiné.

En effet, trois cent soixante-dix ans après son achèvement et sa consécration sous le vocable Καίσαρος ἐπιβατηρίου et ensuite sous l'invocation collective *des dieux Césars*, ce temple, qui avait été transformé en église cathédrale, μεγάλη ἐκκλησία, Κυριακὸν ou *Dominicum*, mais gardait toujours son nom antique de *Césaréum* ou *Sébastéum* [1], fut saccagé et brûlé en partie par les troupes de l'empereur Constance II, que commandait le comte Héraclius. C'était en l'an 356 de notre ère, pendant les discordes intestines des chrétiens orthodoxes et des partisans d'Arius, appuyés par les païens. Neuf ans après, en 365, le Césaréum fut repris et restauré par les chrétiens; mais l'année suivante, le 21 juillet 366, sous le règne de Valentinien et de Valens, il fut brûlé de nouveau et détruit de fond en comble par les païens.

Au mois de mai de l'année 368, Athanase le grand patriarche commença, avec l'autorisation de l'empereur Valens, à rebâtir le Césaréum, grâce à la coopération active du *dux Trajanus* qui, à cette époque, commandait les troupes impériales en Égypte. L'église achevée continua d'être la cathédrale des patriarches orthodoxes d'Alexandrie jusqu'à la prise de la ville par les Arabes en l'an 640 de notre ère. Elle fut alors livrée aux jacobites; puis, après avoir été restituée aux orthodoxes en l'année 727, sous le patriarcat de Cosmas Ier, elle fut brûlée encore une fois et définitivement détruite en 912, première année du patriarche jacobite Gabriel Ier, et sixième année du patriarche orthodoxe Christodoule ou Abd-el-Messieh.

Nombre de caveaux funéraires bâtis sous le sol actuel et au-dessus des fondements du Césaréum, ainsi que des amas de gros boulets en pierre dure trouvés pendant les excavations indiquent que les décombres qui couvraient les ruines du temple, ont servi plus tard à des sépultures chrétiennes et à des fortifications arabes pour la défense de la ville, du côté de la mer.

---

1. Ἐν τῇ μεγάλῃ ἐκκλησίᾳ τῇ ἐν τῷ Καισαρίῳ. Athan., ep. ad herem. — Epiphan., Ad haeret. — Socr., *Hist. eccl.*, VII, 15. — Evagr., *Hist. eccl.*, II, 8 : πρὸς τὴν μεγάλην ἀγαγόντες ἐκκλησίαν ἢ Καίσαρος προσαγορεύεται. — Fabricae dominicae quae dicitur *Caesareum*. Histor. acephala, apud S. Athan., *Epistol. festal.*

CHAPITRE IV

L'histoire ancienne des deux obélisques placés autrefois devant le Césaréum, et qui se trouvent aujourd'hui, l'un sur la rive de la Tamise, à Londres, et l'autre au Central-Park, à New-York, est moins connue que leur histoire moderne.

De l'examen des inscriptions hiéroglyphiques qui se lisent sur les deux monolithes, il résulte seulement qu'ils ont été érigés tous les deux, une première fois devant le temple de Harmachis, le soleil levant, à Héliopolis, sous le règne de Tothmôsis III, de la XVIIIᵉ dynastie, et que Ramsès II, surnommé Sésostris, de la XIXᵉ dynastie y avait interpolé plus tard son nom et ses titres.

Nous savons de plus, par l'inscription hiéroglyphique gravée sur un autre obélisque qui reste encore debout à Mattarieh de Qalioûb, l'ancienne Héliopolis, que ces monolithes ont été extraits des carrières de Syène, au nom de Tothmôsis III, encore mineur, par sa sœur aînée, la régente Hattâsou, surnommée Mésaphrès, pour être érigés à Héliopolis, devant le temple de Harmachis, le soleil levant, et devant celui d'Athôm, le soleil couchant.

Quatorze siècles plus tard, vers l'année 75 de notre ère, Pline écrivait ce que j'ai mentionné plus haut, à savoir que de son temps, c'est-à-dire sous le règne de Vespasien, il y avait à Alexandrie, près du port, dans le temple de César, deux obélisques taillés par le roi Mesphrès, et mesurant quarante-deux coudées de hauteur [1]. Strabon, dans sa *Géographie,* mentionne le Césaréum sans parler des obélisques : il se borne à indiquer simplement la position du temple.

Les auteurs modernes, en acceptant l'opinion courante que le temple de César avait été construit par ordre de la dernière Cléopâtre, en l'honneur de son premier amant, Jules César, ont admis sans hésitation que les obélisques aussi devaient avoir été transportés d'Héliopolis à Alexandrie et placés devant l'entrée du temple par ordre de cette reine galante.

Cependant le passage de Philon. dont j'ai fait mention plus haut, et le proskynème des décurions de l'escadre d'Alexandrie qu'on a trouvé sur l'emplacement de l'ancien édifice, m'ont amené à croire et à soutenir, dans la séance du 15 mai 1875 de l'Institut égyptien, que le temple, avec ses deux obélisques, n'était pas dédié à Jules César, mais à Auguste et à ses successeurs, qui étaient tous adorés collectivement sous l'invocation de *dieux Césars,* θεῶν Καισάρων.

Des fouilles ultérieures ont justifié pleinement et d'une manière éclatante mon opinion à ce sujet. Le 20 juin de l'année 1877, M. Dixon, ingénieur chargé de l'enlèvement et du transport, en Angleterre, de l'obélisque renversé, faisait déblayer la base de l'autre obélisque debout, avant que celui-ci fût enlevé et transporté en Amérique. L'ingénieur anglais voulait ainsi étudier la partie architecturale des fondations de cette espèce de monuments, chose qui ne pouvait se faire pour l'obélisque renversé, dont la base n'était plus à trouver.

Je suivais attentivement ces travaux et j'étudiais avec un grand intérêt les parties du monument que l'on venait de mettre à jour.

L'obélisque, de 20ᵐ,46 de hauteur, à l'instar de celui de l'hippodrome de Constantinople, se trouvait soutenu par quatre sup-

---

1. « Duo sunt [obelisci] Alexandriae ad portum, in Caesaris templo, quos excidit Mesphres rex, quadragenum binum cubitorum. » Plin., *Hist. nat.,* XXXVI, 14, 8. — *Mesphres* correspond exactement au nom de la reine régente, sur les hiéroglyphes, *Hattdsou-Mésaphrès.*

ports en métal, qui reposaient sur un bloc de granit de 2 mètres de hauteur sur 2^m,87 de largeur. Le bloc reposait lui-même sur un soubassement de trois gradins et un massif de substruction fondamentale composée de fragments de pierres prises à d'autres constructions antérieures et ruinées.

Des quatre supports qui, à en juger par le seul qui restait, étaient en ancien cuivre, réputé aurifère, trois paraissaient avoir été enlevés autrefois par des mains sacrilèges et remplacés à la hâte par des pierres ordinaires. Le quatrième support, à l'angle sud-ouest de l'obélisque, était le seul qu'on n'eût pas osé enlever, de peur de voir tomber la masse énorme du monolithe sur la tête des violateurs. Ce support représentait un crabe marin couché à plat ventre sur le bloc de granit et portant sur le dos une broche qui entrait au-dessous de la carne du monolithe. Les trois autres supports manquants devaient être de la même forme et de la même matière ; placés aux trois autres coins, ils soutenaient, avec le quatrième, l'obélisque en l'air, sans le laisser reposer directement sur sa base.

Au crabe épargné, il manquait la pince et tous les pieds du côté gauche ; de l'autre côté il ne subsistait que la pince droite et un seul pied, celui qui venait immédiatement après la pince.

Pendant que M. Dixon faisait des efforts pour enlever, à l'aide d'acides, la rouille épaisse qui couvrait le crabe depuis des siècles, au fur et à mesure de la désoxydation progressive, je lisais sur la surface externe de la pince l'inscription suivante, plus ou moins bien conservée : L ẞII Καισαρος Βαρβαρος ανθρος αρχιτεχτονευντος Ηοντιου, et sur la surface interne, affreusement martelée et défigurée, ▓▓▓▓▓ *Caesaris Barbarus praef. Ae-gypti posvit architectante Pontio.*

Le premier mot de l'inscription latine était presque totalement illisible, et je me demandais s'il fallait y voir *Anno VIII* ou *Avgvsti* ; le reste était facile à déchiffrer.

Le lendemain, la base du monument fut recouverte et resta enfouie, comme auparavant, sous les décombres, jusqu'au jour où le commandant, M. Corringe, enleva le monument pour le transférer à sa dernière destination, au delà de l'Atlantique.

En publiant dans les journaux et dans le *Bulletin de corres-pondance hellénique* (1877, p. 377; 1878, p. 175) les deux ins-criptions en question, je me trouvai enclin à accepter, pour le mot illisible dans le texte latin, la lecture *Anno VIII*, par ana-logie avec le texte grec.

Six ans plus tard, je reçus communication d'un rapport adressé, le 5 juin 1883, au président du *Columbia-College*, à New-York, par un des professeurs adjoints, M. Aug. C. Merriam. Dans ce rapport, il était dit que l'érection du monolithe au Central-Park une fois terminée, le crabe porteur des inscriptions avait été déposé, mutilé comme il était, au Musée métropolitain des Arts, et qu'au mois de mars 1883, après une désoxydation répétée et complètement réussie, on était parvenu à y lire distinctement :

$$L \; IH \; KAI\Sigma APO\Sigma$$

$$BAPBAPO\Sigma \; ANE\Theta HKE$$

$$APXITEKTONOYNTO\Sigma$$

$$\Pi ONTIOY$$

$$ANNO \; X \overline{VIII} CAESARIS$$

$$BARBARVS \; PRAEF$$

$$AEGYPTI \; POSVIT$$

$$ARCHITECTA \; NE PONIO$$

c'est-à-dire : « En l'an $\overline{XVIII}$ de César, Barbarus, préfet d'Égypte, a fait ériger par l'ingénieur Pontius. »

La date de la *dix-huitième année de César* étant parfaitement établie, il n'était plus douteux qu'il s'agît, comme je l'avais dit autrefois, de *César Auguste* et non de Jules César, dont le séjour en Égypte n'avait pas duré plus de quatre ans, depuis l'an 48 jusqu'à l'an 44 avant notre ère.

Octave César, après avoir pris possession de l'Égypte, fut nommé par sénatus-consulte *Auguste* et devint empereur. On le voit, durant son règne et après, appelé *César* tout court par les auteurs contemporains, et tel est aussi le nom qu'il porte sur les monnaies égyptiennes. Quelquefois, quoique rarement, il était appelé aussi *César Auguste* et, en grec, Καῖσαρ Σεβαστός, tandis que son grand-oncle et ses successeurs furent désignés par leur propre nom placé avant le surnom de César, devenu désormais le titre honorifique des empereurs régnants ou de leurs associés à l'empire. Une preuve, d'ailleurs, que le Césaréum était dédié à César Auguste et non pas à Jules César, c'est la dénomination grecque de Σεβάστειον, c'est-à-dire temple d'Auguste, Σεβαστής.

Quant aux dates, nous savons positivement qu'à la nouvelle de la prise d'Alexandrie et de la mort de Cléopâtre, le sénat décréta que le jour de cet événement, 1ᵉʳ août de l'an 30 avant notre ère, serait dorénavant le point de départ d'une ère nouvelle et du dénombrement des ans du règne du premier empereur. (Dion Cass., LI, 19.) Par conséquent, la dix-huitième année du règne de César Auguste, époque de l'érection des deux obélisques, correspond à l'an 13 avant l'ère vulgaire. Ceci nous explique pourquoi Strabon, qui a vu le Césaréum avant son achèvement, l'an 24 avant notre ère, ne parle point des obélisques : ils n'étaient pas encore érigés.

Barbarus, le préfet par les ordres duquel les deux obélisques ont été transportés et érigés devant le Césaréum, écrivait son nom dans son entier, *Publius Rubrius Barbarus*, dans une autre inscription dédicatoire de la même année, gravée sur le temple d'Hathôr, à Philae : Αὐτοκράτορι Καίσαρι Σεβαστῷ Σωτῆρι καὶ Εὐεργέτῃ. L ιη ἐπὶ Ποπλίου Ῥουβρίου Βαρβάρου.

Ainsi tombe, avec la double inscription grecque et latine trouvée sur la pince du crabe placé au-dessous de l'un des obélisques, la légende populaire des aiguilles de Cléopâtre.

Le renversement de l'autre obélisque, celui qui a été donné aux Anglais, date probablement du commencement du xiv⁰ siècle. D'après les chroniqueurs arabes de l'époque, l'an 702 de l'hégire, 1324 de notre ère, fut une année désastreuse pour les contrées orientales. Un violent tremblement de terre répandit la désolation en Égypte; la mer, par l'effet du soulèvement et de l'affaissement successifs du sol, abandonna ses rivages pour les inonder ensuite avec furie, renversant les habitations et les monuments et noyant les habitants. Deux siècles plus tard, Zaccaria Pagani, attaché au secrétariat de l'ambassadeur de Venise, Domenico Trevisan, en 1512, parle de « duo guglie — una in piedi, l'altra per terra ».

CHAPITRE V

PALAIS D'ADRIEN OU DE LICINIUS, TEMPLE DE SÉRAPIS ET ISIS

A deux cents mètres environ derrière les vestiges du Césa-réum, au sud, entre la synagogue actuelle des Juifs et le théâtre Zizinia, on a, pendant qu'on déblayait, en 1880, le terrain des-tiné à la construction du nouvel hôpital grec, mis à jour, outre les fondations massives d'un ancien édifice disparu, le pavé d'un péristyle spacieux, avec une vingtaine de colonnes en por-phyre brisées. Entre les colonnes étaient des restes de piédes-taux en marbre, et des fragments de statues de l'époque des em pereurs du IIIᵉ siècle.

Un piédestal en marbre blanc, trouvé à cet endroit, portait une inscription disant qu'un certain Némésion, ἔπαρχος ὑπομνηματο-γράφος, avait érigé la statue à Aurèle Sabinianus, τὸν κράτιστον ἐπὶ τῶν καθ' ὅλου λόγων, « contrôleur général des finances », pour em-ployer.le langage officiel de nos jours.

De ce qui précède on peut inférer qu'il y avait là quelque édi-fice public, siège de l'administration civile du pays, ou palais du gouvernement de l'époque. Ceci me rappela ce que dit Épipha-nius, qu'au voisinage du Césaréum se trouvait l'ancien palais d'Adrien, appelé de son temps palais de Licinius.

Tout dernièrement, au courant de l'année 1883, pendant les excavations faites au terrain de la Daïrah Toussoun-Pacha, des-tiné à la construction d'une nouvelle Bourse, on a mis au jour les fondations d'un temple ancien de l'époque des premiers Pto-lémées.

Le terrain en question est situé sur la grande avenue de la porte orientale ou de Rosette, tracée, comme on le sait, sur l'ancienne avenue Canopique, au point de son croisement avec la rue de la Gare du chemin de fer du Caire, à l'endroit où cette rue sépare la nouvelle Bourse du corps de garde et du quartier Attarine.

Aux profondeurs des fondations du temple, on fit la découverte de différentes plaques en métal, dont une, en or, portait une inscription bilingue, grecque et hiéroglyphique. Sur la partie grecque on lisait : ΣΑΡΑΠΙΔΟΣ ΚΑΙ ΙΣΙΔΟΣ ΚΑΙ ΒΑΣΙΛΕΩΣ ΠΤΟΛΕΜΑΙΟΥ ΚΑΙ ΒΑΣΙΛΙΣΣΗΣ ΑΡΣΙΝΟΗΣ ΘΕΩΝ ΦΙΛΟΠΑΤΟΡΩΝ.

D'après cette inscription, publiée par M. G. Maspero dans son *Recueil de travaux relatifs à l'archéologie égyptienne* (vol. VII, p. 140-141), *le temple était dédié à Sérapis et Isis,* et aux rois Ptolémée V et Arsinoë, dieux Philopatores (222-205 av. J.-C.).

Derrière ce temple, du côté sud, et séparées de celui-ci par une ancienne rue parallèle à celle de l'avenue Canopique, on trouva les ruines d'une ancienne station militaire · romaine (*castrum*), et des chambres souterraines dont les dispositions permirent d'y reconnaître des prisons d'État. Ceci explique la tradition pieuse des derniers siècles qui plaçait en cet endroit la prison où était enfermée sainte Catherine et le palais de son père, gouverneur du pays à cette époque. Cette fable donna lieu à l'appellation *Butte de Sainte-Catherine,* pour désigner cet amas de ruines, jusqu'à l'expédition française, en 1798.

CHAPITRE VI

EMPORIUM. APOSTASES ET NAVALIA

A environ trois cents mètres au sud-ouest du Césaréum, était l'*Emporium*, c'est-à-dire la Bourse commerciale de ces temps-là. Il s'élevait à l'endroit où s'élèvent maintenant, sur le boulevard de Ramleh, les maisons Antoniadès. Les maisons en face, de l'autre côté de la rue, cachent sous leurs fondations une vingtaine de colonnes en porphyre, renversées, qui formaient peut-être anciennement la façade de l'Emporium donnant sur le grand port.

Un peu plus loin commençaient les *Apostases* ou magasins et dépôts de marchandises, de blé et de livres, ἀποθήκαι τοῦ σί· · · καὶ τῶν βιβλων. (Dion Cass., XLII, 38.) Ils étaient établis autour du quai, sur la ligne où se trouvent aujourd'hui le passage Adib, l'ancien Palais de Justice, actuellement Bourse khédiviale, l'hôtel Abbat et l'église de Sainte-Catherine. Venaient ensuite le quai et les chantiers de la Marine mercantile, qui suivaient une direction parallèle à la place actuelle de la Paille et à la rue des Sakkiehs, et se terminaient à l'*Heptastade*, devant le château-fort d'autrefois, aujourd'hui appelé Kôm-en-Nadoùrah, c'est-à-dire butte de l'Observatoire.

Devant l'ancien quai des Apostases, et en creusant les fondations de l'ancienne maison Adib, sur la rue de la Bourse, dans un emplacement qui était anciennement baigné par la mer, on trouva, en décembre 1874, au milieu du sable, une espèce de console ou pierre de corniche, en marbre blanc, qui avait été jetée du quai, où elle avait dû servir à quelque débarcadère.

Cette pierre, longue d'un mètre et demi, avait une étrange histoire à nous révéler. Avant d'être taillée en cymaise lesbienne et d'être fixée dans le mur du quai, elle avait servi de piédestal à deux statues de deux époques différentes : la première fois à la statue d'un rhéteur philosophe, et la seconde fois, à celle d'un empereur.

En effet, sur la partie supérieure du bloc, qui était murée en queue, étaient des creux où avaient été engagés les pieds d'une statue, et chaque côté latéral portait une inscription, l'une grecque, en caractères de l'époque des empereurs Flaviens, et l'autre latine, en caractères de l'époque de Dioclétien.

Les dernières lignes des deux inscriptions étaient martelées aux places où la pierre avait été taillée en cymaise, pour former saillie sur le parement extérieur du mur.

La première inscription était conçue en ces termes : « Αιλιον Δημητριον τον ρητορα η φιλοσοφον · Αουιου Ιεραχος υιου θετου σταθεντος, ευεργετην και πατερα... », c'est-à-dire : « Ælius Démétrius le rhétheur ou philosophe : son fils adoptif Avius Hiérax a élevé [la statue] à son bienfaiteur et père, etc. »

La seconde inscription portait ce qui suit : *Dominum orbis terrarum, decus pietatis, Aug. G. Aurel. Val. Diocletianum, patrem Augustorum. Aur. Sarapion venerandum de proprio fecit,* c'est-à-dire : « Le seigneur de la terre entière, ornement de la piété, l'Auguste, Gaïus Aurèle Valérius Dioclétien, le père des Augustes. Aurèle Sarapion a fait faire à ses frais, pour qu'il soit vénéré, etc. »

Par la première inscription, qui contient la faute d'orthographe υιου au lieu d'υιου, nous faisons la connaissance d'un rhéteur philosophe, Ælius Démétrius, qui vivait à la fin du Ier et au commencement du IIe siècle de notre ère. Par la seconde inscription, gravée environ deux cents ans après la première, nous apprenons que le nom complet de l'empereur Dioclétien (284-305) était *Gaïus Aurelius Valerius Diocletianus,* et qu'à lui fut donné, pour la première fois, le titre de *Dominus orbis terrarum,* Seigneur de la terre entière. Enfin, l'inscription nous révèle qu'a-

près la prise d'Alexandrie par Dioclétien en 297, on lui érigea
des statues et qu'on lui rendit des honneurs divins, en l'appelant
père des Augustes, c'est-à-dire de ses trois collègues associés à
l'empire, Maximien, Galère et Constance Chlore, qui reconnais-
saient tous les trois en lui, avec un sentiment de gratitude, leur
père commun et l'auteur de leur fortune.

CHAPITRE VII

Passons maintenant aux fouilles que l'on fit, en 1875, pour creuser la tranchée du nouvel embranchement du chemin de fer du Caire, et qui perçant premièrement le plateau situé entre le fossé du mur d'enceinte des Arabes, devant Kôm-ed-Demâs et la campagne Menasce, entamèrent ensuite l'autre plateau et les monticules qui s'étendent à une hauteur de dix à vingt mètres au-dessus du niveau de la mer, entre l'usine des eaux de la ville et le village de Khâdra.

Sur toute l'étendue de ces fouilles, et notamment en creusant le dernier monticule qui se trouve devant la mosquée et la station de Khâdra, on découvrit des couches larges et épaisses de poteries brisées, de toutes formes et de toutes couleurs, entre-mêlées d'autres gisements de cendres et d'ossements, de scories, de glèbes de matière vitrifiée, et de toutes espèces de décombres. Parmi les couches inférieures se rapprochant du roc, on trouva des squelettes d'hommes simplement enterrés, des urnes de dif-férentes formes, des amphores grecques, romaines et égyp-tiennes, et de grandes cruches de forme extrêmement allongée, renfermant les cendres de morts brûlés sur le bûcher, et dont l'orifice était hermétiquement fermé avec du plâtre.

On découvrit de plus des cercueils en terre cuite, longs d'un mètre et demi à deux mètres, formés de deux jarres ou tonneaux d'argile, qui avaient la forme d'un cône tronqué et aplati, et étaient joints par leurs ouvertures larges, de telle façon que leurs bords s'adaptaient l'un à l'autre, tandis qu'une couche de plâtre couvrait extérieurement la jointure; il y avait en outre, à l'une des deux jarres, et au fond, une petite ouverture pour laisser échapper les gaz produits par la décomposition du cadavre [1].

On découvrit également dans cette circonstance des caisses mortuaires rectangulaires en terre cuite, fermées par un couvercle plat de la même matière.

Ces deux formes de cercueils contenaient des squelettes entiers d'hommes, et, à côté des ossements, de petites fioles et des flacons en argile de couleur rouge-violacé ou noire. Quelques flacons étaient en verre de couleur opaque, verte ou bleuâtre. De belles petites monnaies en cuivre, du premier Ptolémée et de ses successeurs, et d'autres monnaies des empereurs romains jusqu'à Aurélien et Dioclétien les accompagnaient.

Les cercueils étaient rangés, quelquefois sur une seule ligne horizontale, d'autres fois sur deux ou trois rangs superposés, et les corps étaient disposés de telle manière que le crâne se trouvait dans la direction de l'occident, et les pieds dans celle de l'orient.

Ces faits démontrent clairement qu'à l'époque des Ptolémées et à celle des empereurs, la sépulture, soit par le dépôt du cadavre entier dans des cercueils en terre cuite, soit par sa combustion et sa réduction en cendres, qu'on déposait ensuite dans des urnes ou dans des cruches longues pour les enterrer, était simultanément en usage. Ce fut l'empereur Théodose qui, beaucoup plus tard, à la fin du IVᵉ siècle défendit par un décret de brûler les cadavres, et en ordonna la simple inhumation.

Les urnes, les cruches longues et les jarres funéraires ne portaient aucune inscription, et ne paraissaient contenir que les

---

1. Cette espèce de cercueils, appelés κεράμεα chez les anciens, ressemblent beaucoup à ceux qu'on trouve en Mésopotamie. Ces derniers sont composés aussi de deux jarres à bouche largement ouverte, de la même forme que les jarres en usage dans le pays, pour conserver l'eau à boire; les deux jarres sont simplement unies l'une à l'autre par leurs ouvertures, et cimentées avec du bitume. (G. Rawlinson, *The five great monarchies*, vol. I, p. 111-112.)

restes de gens de commun. Ceci me rappelle un passage d'un papyrus grec du temps des Ptolémées, où il est fait mention des mêmes dispositions pour les sépultures des pauvres à Thèbes : τάφων και σωμάτων μη ωνομασμένων και αδεσποτων των εν κεραμειοις.

Les anses des amphores et d'autres vases brisés, trouvés au-dessus des sépultures portaient, au contraire, des timbres et des sceaux de maîtres potiers et des magistrats éponymes de Rhodes, de Cnide, de Thasos et d'autres villes de la Grèce, de la Syrie et de l'Italie ; timbres de grande importance au point de vue de l'histoire du commerce des denrées alimentaires chez les anciens.

A en juger par la forme des lettres, les poteries timbrées de cette manière devaient dater de l'époque qui va des premiers Ptolémées aux premiers empereurs.

Ces poteries de provenance étrangère, et une quantité d'autres de fabrication indigène avaient d'abord contenu des denrées d'importation : du vin, de l'huile, du miel; ensuite du lait, de l'eau à boire, de l'eau lustrale, des aromates et des parfums. Elles avaient peut-être servi en dernier lieu aux banquets, aux libations, aux fumigations et autres cérémonies funèbres. Les lampes, λυχνίαι, et les fioles qui se trouvaient parmi les autres débris de poteries, portaient des ornements de fleurs ou quelques symboles de la mythologie grecque, égyptienne et syrienne.

La coexistence dans un même lieu d'éclats de poteries éparses à fleur de sol ou en amas considérables, conjointement avec des sépultures anciennes, est, à Alexandrie, un fait constant et indéniable. Choisissait-on les monticules aux tessons comme lieu d'ensevelissement? ou bien les lieux de sépulture étaient-ils choisis de préférence pour y jeter les rebuts de fabrication d'objets fictiles et les débris des κεράμια du commerce d'importation? Toujours est-il que, partout où il y a des fragments de poteries on est sûr de trouver enfouis au-dessous des ossements de morts, des cendres humaines dans des cruches et des urnes funéraires, des squelettes entiers dans des cercueils d'argile, et même des sarcophages en marbre et des hypogées bâtis en pierre.

On a observé la même chose à Tarse, en Cilicie. Au voisinage

de l'amphithéâtre, sous le monticule aux tessons, et dans un lieu
que d'autres croyaient avoir été celui où l'on jetait les rebuts
d'ancienne fabrication d'objets fictiles, M. Victor Langlois a découvert, en 1853, une vaste nécropole. Les objets extraits par les
fouilles consistaient en statuettes funéraires, restes d'ossements
de morts enfouis simplement dans la terre, cendres humaines
conservées dans des cruches et dans des urnes mortuaires, vases
à encens, fioles à parfums, lampes, poteries diverses en terre
rouge et autres.

La Cyrénaïque, l'Italie, la Grèce, la Péninsule Chalcidique, la
Crimée nous offrent un état de choses pareil. Il viendra un jour
où, sous les poteries du *monte Testaccio*, à Rome, on découvrira
également des sépultures anciennes.

Ceci explique pourquoi les sépultures s'appelaient parfois
κεράμια, κεράμια ou κεράμια par les Grecs d'Égypte, c'est-à-dire
poteries, et pourquoi s'appelait κεραμικός (i. e. δρόμος) à Athènes
le quartier où étaient entr'autres les tombeaux des citoyens
tués sur le champ de bataille.

Des papyrus grecs du temps des Ptolémées, trouvés à la nécropole de Thèbes, parlent des sépultures situées de l'autre côté
du fleuve, en les appelant : εἰς τὰ κεράμια τῆς Λιβύης τοῦ περὶ Θήβας
ἐν ταῖς μεμνονείαις ; c'est-à-dire : « aux poteries à l'ouest du nome
thébain, aux tombeaux. »

En ce qui concerne Alexandrie, Sozomène (*Hist. ecclés.*, VI, 2)
nous raconte que, par suite d'un tremblement de terre survenu
le 21 juillet 365, la mer abandonna ses rivages pour revenir sur
elle-même et les dépasser ensuite avec furie, inondant pour
longtemps la terre ferme, de manière que, lorsque les eaux se
retirèrent, on trouva, ἐπὶ τῶν κεράμων, *sur les collines aux tessons*,
des barques qui y avaient été entraînées par la mer.

Cette dernière circonstance est mentionnée par un autre auteur ecclésiastique latin (*in vitâ S. Hilar.*, 3. 33) en ces termes :
Naves ad praerupta delatae montium pependerunt.

Les commentateurs de Sozomène avaient tort de traduire ἐπὶ τῶν
κεράμων, « super tectis domorum », en suivant Marcellin (XXVI,

10, 19) qui dit : « aliae naves ...culminibus insedere tectorum ut Alexandriae contigit. » On a oublié, à ce qu'il paraît, que les maisons d'Alexandrie anciennement, comme aujourd'hui, n'étaient point couvertes de κέραμοι, tuiles, mais avaient des toitures plates, formées d'une aire en béton avec du mortier imperméable, *pavimentum*, comme l'usage en subsiste jusqu'à nos jours en Égypte, en Syrie et en Palestine. D'ailleurs, quand les auteurs nous parlent des toits des maisons d'Alexandrie, ils disent simplement τὰ τέγη τῶν οἰκιῶν (Dion Cass., LXXVII, 22), ou ἀπὸ τῶ τέγεος (Callim., *Hymn. ad Cer.*), jamais τὰς κεράμους ou ἀπὸ τῶν κεράμων. Hirtius (*De bel. Alex.*, c. 1) dit clairement que les toitures des maisons d'Alexandrie étaient construites en terrasse : « Tectaque sunt rudere aut pavimentis. » De même Vitruve (*De archit.*, VI, 5) dit : « In aegyptiis oecis ..imponenda est contignatio, supra eam coaxatio et pavimentum. »

CHAPITRE VIII

Après cette longue digression, revenons à celles de nos sépultures qui se trouvent au-dessous des monticules aux tessons, en face de la mosquée de Khâdra.

En dehors des sépultures des gens du commun, on a trouvé des sépultures de gens plus aisés, qui avaient les moyens de se préparer de leur vivant des caveaux funéraires pour leur dernier et éternel repos. Celles-là étaient construites à la manière égyptienne, en briques ou en pierres dans les profondeurs des collines, ou creusées dans le rocher primitif, au-dessous des décombres. Dans ce cas, la sépulture avait deux parties bien distinctes, c'est-à-dire un puits, et, au fond, à côté de ce puits, la chambre mortuaire.

Le puits, qui était toujours vertical, le plus souvent circulaire, mais aussi quelquefois carré, était bâti en briques ou en pierres, jusqu'à ce qu'il atteignît l'un des angles de la chambre qui s'étendait horizontalement dans la masse du rocher. Des deux côtés du puits on remarquait, en forme d'échelons, des échancrures, par lesquelles les fossoyeurs descendaient pour opérer les sépultures, et par lesquelles, après avoir déposé dans la chambre le cadavre ou l'urne cinéraire et fermé l'entrée par une maçonnerie légère ou par des dalles, ils remontaient. On comblait ensuite le puits avec de la terre, des éclats de pierres, des poteries brisées et du sable.

Les chambres mortuaires, le plus souvent uniques, mais aussi

quelquefois multiples, étaient rectangulaires et voûtées. Elles
avaient ordinairement trois mètres de longueur et deux mètres
de largeur, et les parois, au-dessus de l'enduit en deux couches
de ciment imperméable, étaient simplement blanchies à la chaux
ou coloriées avec des ornements en peinture de différentes couleurs, rouge, bleu, jaune et verte, dont le sujet était emprunté
au style de l'architecture grecque ou égyptienne. Dans un coin
de la voûte et du côté opposé à l'entrée, on voyait une petite
ouverture circulaire, espèce de soupirail qui communiquait autrefois par des tuyaux en terre cuite, avec la surface du sol, et
qui, avant d'être comblée, donnait à l'air atmosphérique un libre
accès dans la chambre.

Outre le puits et la chambre souterraine, il devait y avoir
aussi, au-dessus des sépultures, des chapelles extérieures, ἡρῷον,
aedicula, pour l'accomplissement des cérémonies qu'il était d'u-
sage de faire, à diverses époques, chez les Égyptiens, chez les
Grecs et chez les Romains. Mais il ne reste aujourd'hui aucune
trace de ces chapelles funéraires. Une seule, de la forme d'un
très petit temple, adossée à la déclivité du monticule qui se
dresse en face de la mosquée du village de Khâdra, a été trouvée
intacte; mais elle a été aussitôt détruite par des mines à poudre
pour faire place à la tranchée du chemin de fer en construction.
Avec elle ont été détruits en même temps tous les caveaux funéraires qui se trouvaient au-dessous et à côté, dans la masse du
rocher.

Parmi les débris trouvés alors, j'ai encore remarqué trois petites stèles en marbre blanc et de style grec portant des peintures
effacées dont les traits représentaient des femmes debout ou
assises. L'inscription d'une de ces stèles était assez remarquable :
Τουτα Με..... ενθαδε κειται Αρμενα · en lettres de l'époque des premiers Ptolémées, c'est-à-dire : « Ci-gît Touta, fille de Me....,
Arménienne »; et, en effet, Touta est un nom de femme encore
très usité de nos jours chez les Arméniens, qui le prononce Dou-
dou. L'inscription de la deuxième stèle, en lettres du temps de
Vespasien, portait Αμμωνα Καρνεε, c'est-à-dire : « Ammonia, fille

de Κάρης. » Or, le premier de ces noms est gréco-égyptien, et
le second rhodien; d'où il est permis de supposer que la fille en
question était née en Égypte de parents rhodiens. L'inscription
de la troisième stèle était tout à fait illisible.

A une cinquantaine de pas, au sud-ouest de la position où
était la chapelle funéraire détruite depuis, on a mis à découvert
des ruines d'une autre chapelle. Elle s'élevait au milieu d'une
couche épaisse de poteries brisées et d'autres décombres, et était
bâtie avec de grandes pierres de taille, au-dessus des hypogées
qui criblent, dans toute leur étendue et dans toute leur profondeur, le monticule et le plateau environnants. On a aussi trouvé
là des tombeaux grecs et romains élevés autrefois au-dessus
du sol primitif et actuellement enfouis sous les décombres; des
sarcophages de marbre et de terre cuite, ornés de festons et de
figures d'hommes, d'une valeur artistique médiocre. C'est là que
j'ai recueilli l'inscription suivante, écrite en grec, en caractères
du temps des empereurs Flaviens : ΞΗΝΟΦΙΛΟΣ ΚΕΙΜΑΙ ΠΑ-
ΤΡΟΣ ΞΗΝΟΦΙΛΟΥ, c'est-à-dire : « C'est moi, Zénophile, qui me
trouve ici; mon père était Zénophile. » Par terre, entre les éclats
des poteries, gisaient encore, brisés, des vases à libations en
granit noir, de la forme d'une poêle, ou en marbre bleuâtre, de
la forme d'un tabouret, ainsi que d'autres vases fictiles : des
cruches, des aiguières, des plateaux, des coupes, des fioles et
des flacons, rouges, noirs et violets.

C'est le cas de mentionner ici la route carrossable, tracée
en 1872, entre la porte orientale de la ville, aujourd'hui détruite,
et le village de Ramleh, parallèlement à la tranchée du chemin
de fer du Caire et de Rosette, dont nous parlions tout à l'heure.
En creusant le plateau rocailleux pour faire passer la route, on
trouva exactement le même état de choses que dans la tranchée
du chemin de fer, c'est-à-dire différentes couches de poteries,
de scories et de cendres, des sépultures en terre nue, en cruches
allongées et en jarres, des cryptes creusées dans le roc, et même
des sarcophages couverts par les décombres.

On découvrit là, encore intacte et pleine de coques d'œufs,

une amphore cnidienne qui portait sur les deux anses les inscriptions Αγγαλεος et Φιλνεο. Plus récemment, en 1885, on a
trouvé, gisant par terre dans un hypogée de cet endroit, une
autre amphore entière mais vide, sur la panse de laquelle on
lisait écrit en grandes lettres italiques, et avec de l'ocre rouge,
Charillonis. Une courte annotation en lettres cursives tracées en
noir, du côté opposé, portait : *Vin. vet. cen.* $\overline{dcc}$...., et indiquait
que l'amphore contenait du vin vieux, et jaugeait 700 [cyathes?].
L'amphore mesurée fut trouvée contenir à peu près vingt-huit
litres.

Tout le plateau qui s'étend, d'un côté, entre les murs de l'ancienne enceinte macédonienne, à l'est de la ville, et l'enceinte
actuelle, dite des Arabes ; et de l'autre côté, du littoral au delà
du cap Lochias jusqu'au village de Khàdra, est couvert d'éclats
de poteries et de décombres au-dessous desquels le terrain est
miné par des sépultures.

Or, Philon d'Alexandrie (*in Flaccum*) raconte que de son temps
les Juifs, en dehors de leur propre quartier appelé Lettre Delta,
à l'est, habitaient encore dans l'intérieur de la ville macédonienne ; qu'après avoir été chassés par les Grecs et par le préfet
Avilius Flaccus, sous le règne de Gaïus Caligula, l'an 37 de
notre ère, ils furent obligés (le quartier juif étant trop étroit pour
les contenir) d'en sortir pour camper *sur le littoral, sur les décombres et sur les sépultures :* Ἐξήρχοντο διὰ τὸ πλῆθος εἰς αἰγιαλοὺς
καὶ κοπρίας καὶ μνημεῖα [1].

---

1. Κοπρία, et au pluriel Κοπρίαι, est ici dans le sens de *débris, ruines, décombres, monti delle scorazze,* comme dit Zaccaria Pagani dans sa relation du
voyage de Domenico Trevisan, et traduit par Ch. Schefer : *montagnes de décombres.* — Strabon (VI, 268), en parlant du gouffre de Charybdis sur la côte
de Sicile et des bateaux y engloutis, ajoute : τὰ ναυάγια παρασύρεται πρὸς ἠόνα
τῆς Ταυρομενίας, ἣν καλοῦσιν ἀπὸ τοῦ συμπτώματος τούτου Κοπρίαν; c'est-à-dire :
« *Les débris* en sont charriés vers le rivage de Tauroménium, qu'on appelle pour
cette circonstance *Copria.* » Le même auteur dit à un autre endroit (VII, 316),
en parlant des Dardaniens, peuplade d'Illyrie, qu'étant tout à fait sauvages,
ὑπὸ ταῖς κοπρίαις ὀρύξαντες σπήλαια, ἐνταῦθα διαίτας ποιεῖσθαι, c'est-à-dire : « ils
habitent dans des caveaux creusés sous les *décombres.* » Ajoutez-y, XVI, 284 :
Οἱ Ναβαταῖοι... ἴσα κοπρίαις ἡγοῦνται τὰ νεκρὰ σώματα... δι' ὃ καὶ παρὰ τοὺς
κοπρῶνας κατορύττουσι καὶ τοὺς βασιλεῖς.

Un auteur ecclésiastique jacobite (chez Zoëga, *Catal. cod. copt.*, p. 258), cité par Giac. Lumbroso, parle du quartier appelé Κοπρίαι, c'est-à-dire *Décombres*, situé à l'est de la ville byzantine; en outre, je trouve mentionné le quartier Κοπρών dans un passage de Théophane (*Chronographia*, éd. Migne, col. 289) où il parle du curage du canal d'Alexandrie, en 459 : Τούτῳ τῷ ἔτει καὶ ὁ ποταμὸς ὡρύγη ἐν Ἀλεξανδρείᾳ ἀπὸ τῆς Χερσίου ἕως τοῦ Κοπρῶνος. De même Pseudo-Callisthène (I, 32) parle d'un monticule apparent appelé Κοπρία, qui pourrait être aussi bien le plateau en question que la butte de Kôm-ed-Dik, ce qui est plus probable. Cette dernière colline est supposée être l'ancien *Paneum*, qui, d'après Strabon, était ὕψος τι χειροποίητον, un monticule fait de main d'homme.

CHAPITRE IX

Les buttes et les collines situées au sud de la ville, entre le
canal et l'enceinte actuelle, depuis le village de Moharrem-Bey
jusqu'à Karmoûz et à Kôm-e'-Choukáfa, qui signifie littéralement la *butte aux Tessons* ou *monte Testaccio* des Italiens, ne sont
autre chose qu'un amoncellement successif de débris de poteries
et d'autres décombres, avec des sépultures païennes et chrétiennes, qui, superposées d'âge en âge, ont fini par faire des
monticules, transformés, sous Méhémet-Aly, en bastions et en
fortins, pour la défense de la nouvelle Alexandrie.

On trouve ici, entre autres choses, parmi les éclats de poteries
brisées des couches supérieures, de petites lampes, λυχνάρια, portant le dessin de la croix égyptienne ansée, ainsi que des ampoules en terre cuite ayant contenu autrefois de l'huile bénite,
εὐλογία, puisée à la lampe qui brûlait devant le tombeau de saint
Ménas, patron de l'Égypte chrétienne. Cette huile bénite servait
à faire des onctions sur les vivants, pour des cures miraculeuses,
et sur les morts, pour le salut de l'âme.

Ces ampoules, de la forme de flacons ronds aplatis, remontent
au v⁰ siècle et représentent ordinairement, sur les deux faces,
saint Ménas debout, en costume de légionnaire, la tête nue et
nimbée d'une auréole circulaire, les bras étendus dans l'attitude
de la prière. Quelquefois on trouve une croix équilatérale de
chaque côté de la tête; d'autres fois, c'est la légende **O ΑΓΙΟC**

MHNAC, qui tient la place des deux croix. Au-dessous des deux bras étendus sont représentés deux chameaux accroupis, un de chaque côté. Chose curieuse : les traits de la figure sont le plus souvent ceux d'un Égyptien; mais, quelquefois aussi, la tête est celle d'un nègre avec de grosses lèvres, le nez aplati et les cheveux crépus. Parfois les ampoules portent sur l'une des deux faces l'effigie du saint avec les chameaux accroupis, et au revers l'inscription AΓIOY MHNA EYAOΓIA ou EYAOΓIA TOY AΓIOY MHNA MAPTYPOC; d'autres portent en avers cette inscription, sans l'effigie du martyr, et au revers le monogramme du Christ sur plaque étoilée.

Saint Ménas l'Égyptien, qui était soldat dans une des *sociae cohortes* appelées Numeri Rutalici, de la province PHRYGIA SA-LVTARIA, a subi le martyre par décapitation à Cotiaeum, aujourd'hui Kyoutahia, en l'an 296 de notre ère, sous le règne de l'empereur Maximien. Sa dépouille, transférée à Alexandrie, fut déposée près du lac Maréotis, où, au-dessus de son tombeau, s'éleva ensuite, sous le patriarcat de Timothée Ælurus ou Bishaïa (457-477), une église magnifique. Les miracles opérés par le saint enrichirent ce sanctuaire de telle sorte que les orthodoxes et les jacobites, sous le kalifat de Mérouàn, en 748 de notre ère, s'en disputaient encore la possession [1].

1. On doit se garder de confondre saint Ménas, patron de l'Égypte chrétienne, dont la mémoire est fêtée le 11 novembre par l'église grecque, et le 4 octobre par les églises jacobite et abyssinienne, avec saint Ménas d'Athènes, martyrisé à Alexandrie, sous Maximin, en l'année 235, dont les restes ont été transférés à Constantinople. La fête de ce dernier est célébrée aussi bien par l'église grecque que par l'église jacobite, le 10 décembre.

CHAPITRE X

CATACOMBES CHRÉTIENNES

Le plateau rocailleux qui se trouve entre les villages de Kar-moûz et de Minet-el-Bassal, en face de l'ancien établissement du Remorquage et derrière le Sérapéum, est percé d'une multitude de couloirs et de souterrains ténébreux qui s'enfoncent plus ou moins profondément dans le roc et se dirigent et s'entrecroisent en tous sens. Ce sont des *catacombes chrétiennes.* Celles qui se trouvaient sur le flanc ouest ont été détruites de fond en comblé pour l'exploitation des pierres ; une seule chapelle funéraire reste encore là, épargnée par ordre supérieur : elle a été découverte dans le courant de l'année 1858, et visitée par moi l'hiver de l'année 1860 et ensuite par M. C. Wescher, au mois de juin 1864. Depuis lors elle a été abandonnée à une dégradation complète, et de nos jours on n'en voit plus que des traces difficiles à reconnaître.

Les débris de poteries cassées qui couvrent le plateau en question ne présentent aucune inscription indiquant une provenance étrangère, comme les anses d'amphores qui, avec d'autres poteries couvrent les sépultures païennes de l'extrémité est de la ville ancienne. Les petites lampes, λυχνίαι, en terre cuite, de fabrication grossière, que l'on rencontre ici, portent le dessin de la croix ansée du rite égyptien ; les fioles et flacons en terre cuite fine ou en verre des sépultures païennes sont remplacés par des ampoules aplaties à l'effigie de saint Ménas d'un travail ordinaire ; au lieu de petites monnaies en cuivre des Ptolémées et des premiers empereurs, on trouve de petits bronzes du dernier temps de Constantin. Ils représentent, sur l'avers, son buste voilé, et, au revers, l'empereur dans un quadrige au galop, tendant la main à une autre main qui, du milieu des nuages, l'appelle au ciel; on y lit la légende : DIVVS CONSTANTINVS PATER AV-GVSTORVM · qui indique que ces bronzes ont été frappés par ses fils à titre de consécration, ἀφιέρωσις, l'année de sa mort, 337 de notre ère.

Ainsi, tous les débris et toutes les reliques qu'on rencontre autour des sépultures du plateau situé derrière le Sérapéum portent les signes du christianisme, tandis que la disposition des caveaux funéraires ne diffère en rien des autres sépultures païennes. On trouve encore ici des puits qui descendent verticalement, ou des couloirs inclinés qui s'enfoncent dans le sein du rocher et qui donnent dans une ou plusieurs chambres mortuaires. Souvent les chambres sont munies de baies oblongues, *loculi*, entaillées dans la profondeur du roc, où l'on plaçait les morts, et que fermaient autrefois des dalles de pierre ou de brique cimentées avec du plâtre et de la chaux.

Les sépultures chrétiennes avaient, comme toutes les autres sépultures, une existence légale, garantie par le sentiment religieux, par le rituel funéraire séculaire de l'ancienne Égypte et par les lois romaines qui régissaient le pays; et si, quelquefois, les cimetières des chrétiens étaient exposés aux violations des païens et, sous les empereurs qui régnèrent avant la paix de l'Église, aux confiscations de l'administration, c'est qu'ils servaient aux chrétiens de lieux de réunion dans un temps où on les soupçonnait de conspirer contre l'État.

C'est ainsi qu'au IIIᵉ siècle, en l'an 257 de notre ère, sous les empereurs Valérien et Gallien, le préfet Émilien interdisait aux chrétiens de l'Égypte de se livrer aux pratiques de leur culte dans les cimetières; mais, peu de temps après, l'empereur Gallien révoqua cet ordre. Confisqués de nouveau par Dioclétien et Maximien, les cimetières furent restitués par Maxence, avant Constantin.

Dans les chapelles funéraires, soit extérieures, comme les *ædicula* des païens bâtis au-dessus des sépultures souterraines, soit intérieures, comme les cryptes creusées dans le roc, les parents et les proches, accompagnés des amis et des prêtres, venaient le troisième, le neuvième et le quarantième jour après la mort, ainsi qu'au jour anniversaire de celle-ci, prier pour le repos de leurs défunts, ou accomplir d'autres cérémonies en leur mémoire (μνημόσυνα).

Peu à peu ces chapelles devinrent, pour les fidèles, des lieux de réunion, où ils se réunissaient dans des fraternelles agapes, non plus pour prendre part aux repas funèbres, comme il était d'usage de le faire chez les païens, mais pour célébrer le rite de la sainte Eucharistie et recevoir les néophytes dans le sein de l'Église, par le baptême. Elles furent, dans ce but et à différentes époques, à partir de l'avènement de l'empereur Constantin et de la paix de l'Église, au commencement du IV⁰ siècle, agrandies, restaurées et embellies par de nouveaux ornements et des peintures exécutées sur les parois. Elles ont continué dès lors à être consacrées aux pratiques de la religion et n'ont jamais servi d'habitations aux vivants, si ce n'est rarement, temporairement, et comme lieu de refuge pendant quelque persécution. C'est ce qui est arrivé à saint Athanase, qui, pour se dérober à ses ennemis, se cacha quatre mois dans la sépulture de sa famille (πατρῷος τάφος), à l'est de la ville, près du canal, à Éleusis.

CHAPITRE XI

L'unique et authentique modèle de ce genre de chapelles funéraires chrétiennes de l'ancienne Alexandrie était la crypte dont
j'ai fait mention plus haut. Il ne reste plus rien aujourd'hui de

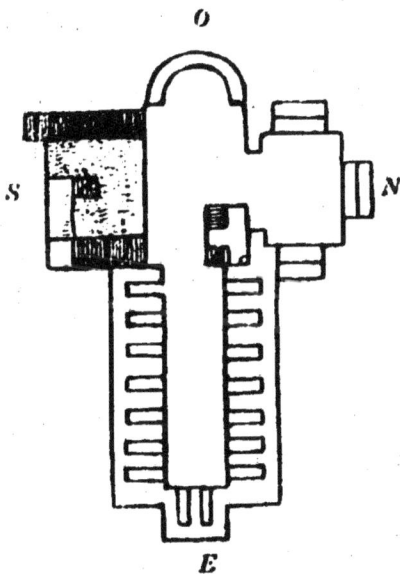

cette relique sacrée, si belle et si remarquable pour l'histoire de
l'art chrétien en Égypte. Tout a disparu, peintures et inscriptions; même le double et, quelque part, le triple enduit du revê-
tement des parois a été gratté, et les moulures ont été martelées

pour faire place aux griffonnages et aux noms de visiteurs imbéciles. *Nom`na stultorum ubique locorum leguntur.*

Voici les notes que j'ai prises avant que la main de l'homme eût achevé cette œuvre de destruction sacrilège :

La chapelle avec ses annexes, en forme de croix égyptienne, est adossée au côté sud du plateau élevé de Karmoûz et creusée dans le roc. Par le déblaiement des couches supérieures des décombres et des éclats de poteries et par la destruction d'une partie du rocher qui couvrait la voûte, on a mis à nu la chapelle et découvert l'entrée par où l'on descendait anciennement dans le souterrain. La branche droite de la croix est formée par deux couloirs inclinés, la branche gauche par un *cubiculum* ou κοιμη-τήριον, l'arbre du milieu par la *cella*, et le pied par un autre *cubiculum* ou *galerie des tombeaux.*

Le couloir d'entrée qui, de dehors en dedans et de haut en bas, s'enfonce en forme d'escalier à voûte cintrée et inclinée dans le sein du rocher, a vingt-quatre degrés. Il conduit, en suivant la direction du sud au nord, au coin sud-ouest de la chambre du milieu, c'est-à-dire de la chapelle proprement dite, ou *cella memoriæ.* Celle-ci était destinée aux *synaxes,* ou réunions, et aux *agapes,* ou repas fraternels, remplaçant les repas funèbres des païens. Elle mesure six mètres de longueur, de l'ouest à l'est, et quatre mètres de largeur, du sud au nord. Au coin sud-est se trouve un autre couloir incliné, de douze degrés, qui s'enfonce dans une direction opposée à celle du couloir d'entrée, c'est-à-dire du nord au sud, et qui, tournant ensuite à droite, se perd dans d'autres souterrains plus profonds et inaccessibles.

La paroi sud de la chapelle, entre les deux couloirs, présente l'ombre d'une seule figure, un peu plus grande que nature et qui, d'après les quelques traces d'une inscription à moitié effacée, O ΑΓΙΟC K////N///C, au-dessus de la tête nimbée d'une auréole jaunâtre, devait être celle de Constantin, le premier empereur qui protégea la foi chrétienne.

Au coin nord-est on voit, creusé dans le sol, un puits quadrangulaire qui mène au sous-sol et conduit dans deux petites chambres funéraires écroulées et comblées. Le puits présente des échancrures en forme d'échelons, et est recouvert d'un enduit double de plâtre et de ciment. Des tuyaux en terre cuite encastrés avec du ciment dans une goulotte creusée elle-même dans le roc, servait autrefois de soupirail pour la ventilation de ces souterrains.

Dans la paroi ouest est creusée l'*abside*, dont la partie voûtée est modelée en plâtre, de manière à figurer une conque : la partie inférieure de l'hémicycle est ciselée en banquette demi-circulaire appelée *exèdre*. L'hémicycle lui-même est peint et représente la sainte Eucharistie d'après le rite primitif de l'*agape*, tout à fait comme dans les catacombes de Callixte à Rome, du commencement du IIIe siècle.

Au milieu, on voit Jésus-Christ assis devant une table en forme de croissant; sa tête est entourée d'une auréole circulaire de couleur jaune, ornée dans l'intérieur d'une croix, et il bénit les pains, qui sont marqués de la lettre **X**, initiale du nom **XPIC-TOC** (*panes decussati*), et le vin, qui est dans les calices; au-dessus, on lit l'inscription $\overline{\text{IC}}$ $\overline{\text{XC}}$, c'est-à-dire Jésus-Christ.

A sa droite se tient debout Pierre, et à sa gauche, André, tous deux nimbés d'auréoles carrées de couleur bleue; au-dessus de leur tête, on lit les inscriptions **ΠΕΤΡΟC** et **ΑΝΔΡΕΑC**. Ils offrent à leur maître chacun un plat de poissons, dont le nom ἰχθύς, en grec, est l'acrostiche de Ἰησοῦς Χριστὸς Θεοῦ Υἱὸς Σωτήρ, Jésus-Christ, fils de Dieu, Sauveur. Deux palmiers, un de chaque côté, séparent les parties latérales du tableau.

A côté du palmier, à droite de Pierre, se présente la Vierge, debout et voilée, dans l'attitude de la prière, sans auréole sur la tête, avec l'inscription **Η ΑΓΙΑ ΜΑΡΙΑ**,« la sainte Marie ». Un olivier termine le tableau de ce côté. A côté du palmier, à gauche d'André, se tient debout un jeune homme, sans auréole, dont le nom est effacé; il est également dans l'attitude de la prière : évidemment c'est Jean, le plus jeune des apôtres. Un olivier termine aussi le tableau de ce côté. Aux pieds de la Vierge et de

Jean, des deux côtés, plusieurs enfants sont assis autour de quelques paniers contenant des *panes decussati*, et au-dessus de leurs têtes se lit l'inscription ΠΑΙΔΙΑ ΤΑC ΕΥΛΟΓΙΑC ΤΟΥ X̄Ȳ ΕCΘΙΟΝΤΕC : « Enfants qui mangent les pains bénis du Christ. »

La paroi, en dehors de l'abside, présente, au sommet, une rosace géométrique entourée d'autres petites rosaces, composées de cercles concentriques tracés au compas. Des deux côtés de l'abside sont peints deux apôtres nimbés avec des auréoles circulaires jaunes, dont l'un, du côté gauche, est, d'après l'inscription ΒΑΡΘΟΛΟΜΑΙΟC, Barthélemy, et l'autre, du côté droit, ΙΑΚѠΒΟC, Jacques. Au-dessous de ces deux apôtres, sont deux autres figures, mal conservées; au-dessus de la figure de gauche, on lit l'inscription Ο ΑΓΙΟC ΙѠΑΝΝΗC; au-dessus de la figure de droite, on lit l'inscription Ο ΑΓΙΟC ΜΑΡΚΟC.

Du côté opposé à l'abside, à l'est, la chapelle est ouverte et donne accès dans une autre chambre ou plutôt galerie voûtée, *coemeterium*, κοιμητήριον, qui n'est que la continuation de la première, sur le même axe, de l'ouest à l'est. Elle a huit mètres et demi de longueur, mais est plus étroite, n'ayant que deux mètres et quelques centimètres de largeur.

Cette deuxième chambre, qui, d'après ce qui précède, n'a que trois parois, une au fond, à l'est, et deux sur les côtés, au sud et au nord, jointes ensemble par la voûte cintrée présente, de chaque côté, deux rangs superposés de sept baies quadrangulaires et oblongues, espèce de couchettes taillées dans le roc et disposées parallèlement les unes aux autres. Sur la paroi du fond sont également deux autres rangs superposés de deux baies, soit en tout trente-deux couchettes appelées *loca* ou *loculi* (τόποι, θῆκαι) et destinées à recevoir les dépouilles mortelles des fidèles.

Ces *loculi* sont creusés horizontalement dans la profondeur du roc, de sorte que la tête du mort devait être dirigée vers le fond de la baie et que les pieds devaient se présenter à l'ouverture, en avant. De plus, ils sont à double fond (*loculus bisómus* ou *bisómum*) destinés à recevoir à la fois deux corps superposés et séparés par une pierre plate, qui servait de couvercle pour l'un et de support pour l'autre. Les ouvertures ont 0^m,86 de hauteur sur 0^m,70 de largeur. À l'état normal, elles devaient être fermées par des dalles ou tablettes en pierre calcaire (*tabulæ*), cimentées avec de la chaux et du plâtre; actuellement tous ces loculi se trouvent ouverts et remplis de poussière. On n'y voit nulle trace de peintures ou d'inscriptions.

La chambre latérale ou transept du nord, est ouverte du côté de la chambre du centre ou *cella* proprement dite, et c'est à peine si elle en est séparée par deux pilastres à chapiteaux d'ordre corinthien placés aux côtés de l'entrée, et ornés de figures peintes : ces pilastres servent de support à une arcade extrêmement surbaissée, en forme d'une porte carrée avec les deux coins supérieurs arrondis.

Sur la face des deux pilastres qui donne dans la chambre du centre, on voit deux figures de grandeur naturelle, une de chaque côté, qui semblent mises là comme pour garder l'entrée. L'une d'elles est une figure d'ange nimbé d'une auréole jaune et surmonté de l'inscription : COΦIA IC XC, « la sagesse Jésus-Christ. » L'autre représente un saint en tenue militaire armé d'un javelot; au-dessus se trouve une inscription illisible et presque effacée. Sur les deux jambages intérieurs de l'arcade, et en face l'une de l'autre, on voit peintes deux figures nimbées d'auréoles jaunes. La figure de gauche porte l'inscription AΓIOC.. KEP...; la figure de droite porte l'inscription O ΠΡΟΦΗΤΗC IEPEMIAC, le prophète Jérémie.

Cette chambre, ordinairement appelée *cubiculum*, n'a plus que quatre mètres de longueur, de l'ouest à l'est, sur trois mètres et demi de largeur, du sud au nord. Elle présente, au fond et de chaque côté, à droite et à gauche, des *arcosolia* ou tombeaux arqueux, c'est-à-dire des tombes doubles (*bisômum*) creusées dans la roche, et surmontées de voûtes en arc de cercle.

Les parois de l'arcosolium du côté nord sont ornés d'un tableau très remarquable, qui nous donne une idée des rapports qui relient les conceptions de l'ancienne mythologie égyptienne à la doctrine chrétienne.

On connaît déjà les petits monuments qui représentent Horus

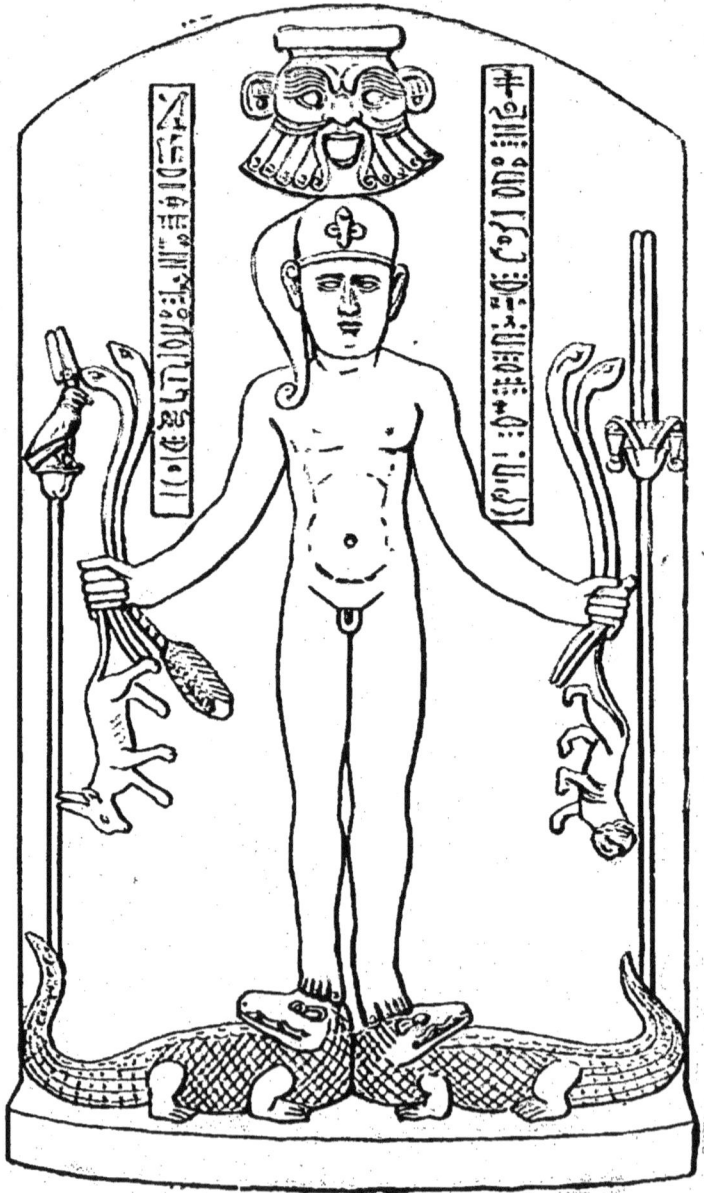

debout et marchant sur deux ou plusieurs crocodiles. Il saisit de ses mains des serpents, des scorpions, un lézard, une gazelle et un lion, qui se débattent sous l'étreinte du jeune dieu; quelquefois il y a à côté de lui d'autres divinités, telles que Thôth et Néïth, ou Isis et Phthâ, qui l'aident à maîtriser les animaux malfaisants. Au-dessus de la tête juvénile d'Horus est placé, comme un génie protecteur, le masque de Bèss, le dieu triomphant de la guerre et de la joie, dont la face labourée de rides et de plis profonds, est hérissée d'une barbe droite et touffue, et dont la tête est coiffée d'une mitre aplatie.

Ces représentations allégoriques sont accompagnées de légendes variées et de formules différentes, qui toutes expriment cette pensée : « Que le jeune dieu, fils de dieu, qui, avec le concours de son père divin et des autres puissances du ciel, foule aux pieds les crocodiles et maîtrise sans effort les lions, les serpents et les scorpions, puisse aussi empêcher le mal d'approcher de l'homme juste et mettre sa demeure à l'abri du fléau. »

Voici, entre autres, un exemple d'une de ces légendes traduit par Chabas : « Salut à toi, dieu fils de dieu... Salut à toi, Horus issu d'Osiris, enfanté par Isis la divine... Ce que tu as démandé, ton père a voulu que cela te fût accordé. La sainteté du dieu de Sokhèm a fait ta sauvegarde. Toi qui as eu soin de clore la bouche de tous les reptiles afin de faire vivre les humains, de tranquilliser les dieux et de faire triompher le soleil par tes invocations... viens à moi promptement, en ce jour; repousse loin de moi les lions venant de la terre, les crocodiles sortant du fleuve, la bouche de tous les reptiles sortant de leur trou; rends-les, pour moi, comme de petites pierres sur la terre, comme des débris de vases près des habitations. »

Or, cette même pensée de l'ancienne théosophie égyptienne vient se présenter ici dans un tableau peint sur la paroi de l'arcosolium au nord de la chambre en question, de la manière dont l'auteur des Psaumes l'a exprimée aussi quand il dit (psaume XC, 10-13) : « Le mal n'approchera pas de toi, et le fléau n'atteindra point ta demeure, car le Seigneur a ordonné à ses anges de te garder dans toutes tes voies; ils te porteront dans leurs mains, de crainte que ton pied ne heurte contre les pierres. Tu marcheras sur l'aspic et le basilic, et tu fouleras aux pieds le lion et le dragon. »

Jésus-Christ, le Dieu fils de Dieu, d'un âge juvénile et les pieds nus, marche comme Horus au milieu des serpents, des crocodiles, des lézards et d'autres reptiles de toute forme et de toute espèce et s'approche du lion qui, du côté gauche, reste à sa vue, ébahi et la gueule ouverte. Deux figures, une de chaque côté, presque effacées et méconnaissables, et qui représentent peut-être des prophètes ou des apôtres, remplacent les divinités égyptiennes que l'on voit d'ordinaire à côté d'Horus. Deux anges peints sur les jambages intérieurs de l'arcosolium terminent le tableau à droite et à gauche. Sur les parois des deux côtés sont peints deux saints : l'un, à gauche, porte la légende O ΑΓΙΟϹ ΚΟϹΜΑϹ; l'autre, à droite, porte la légende O ΑΓΙΟϹ ΔΑΜΙΑΝΟϹ.

Au-dessus de Jésus-Christ jeune et imberbe, plane, au ciel, Dieu le Père, l'ancien des jours, παλαιὸς ἡμερῶν, nimbé d'une auréole triangulaire bleuâtre [1]. L'inscription qu'on lit au pied du tableau n'est pas autre chose que le texte grec du 13e verset du psaume XC : ΕΠ' ΑϹΠΙΔΑ ΚΑΙ ΒΑϹΙΛΙϹΚΟΝ ΕΠΙΒΗϹΗ ΚΑΙ ΚΑΤΑΠΑΤΗϹΕΙϹ ΛΕΟΝΤΑ ΚΑΙ ΔΡΑΚΟΝΤΑ. « Tu marcheras sur l'aspic et le basilic et tu fouleras aux pieds le lion et le dragon. » Un peu plus loin, au-dessus de la figure d'une femme [la Vierge?], on lit : ΧΡΙϹΤΙΑΝΩΝ ΕΛΠΙϹ, « l'espoir des chrétiens ».

Voilà donc, dans les catacombes chrétiennes d'Alexandrie, la reproduction de la figure d'Horus, fils d'Osiris et d'Isis, marchant sur les crocodiles et maîtrisant les serpents et le lion, sous la forme de Jésus-Christ, fils de Dieu et de la Vierge, marchant au milieu de ces mêmes animaux malfaisants, faisant taire le lion et rompant le cou aux crocodiles.

---

1. Chez les chrétiens de l'église d'Orient, il était absolument défendu de représenter Dieu le Père, créateur de l'univers, sous une forme humaine (Théod. Studita, *Antirrhet.*, I, 2, 10 et III, 40, 41); les Égyptiens faisaient exception, et, sur ce chapitre, Nicéphore Calliste (*Hist. eccl.*, XVIII, 53) les accuse d'hérésie.

On a aussi remarqué un fait analogue dans les catacombes de Rome, mais là c'est Orphée qui est représenté, tel qu'il est figuré sur les médailles païennes, adoucissant les bêtes féroces par le son de sa lyre ; image de Jésus-Christ apaisant les passions des humains par son évangile. La représentation d'Orphée au milieu

des animaux sauvages et domestiques est conçue dans le sens des paroles du prophète Isaïe (xi, 7-9) : « Le lion et le bœuf iront aux mêmes pâturages. L'enfant à la mamelle se jouera avec l'aspic ; l'enfant nouvellement sevré portera la main dans la caverne du basilic. Ces animaux ne nuiront plus sur la montagne sainte. »

4

Pour revenir au tableau de l'arcosolium qui nous occupe, je dois ajouter que la même représentation, plus ou moins exactement reproduite, se trouve sur un bel ivoire du x⁰ siècle, exposé autrefois au musée du Vatican. Là aussi on voit Jésus-Christ, beau jeune homme imberbe, pieds nus, en costume de prédicateur, donnant la bénédiction de la main droite et tenant l'évangile de la main gauche. Il foule aux pieds le lion et le dragon. L'aspic et le basilic déjà écrasés, se trouvent rejetés sur les côtés. En regardant ce tableau, on croirait avoir devant soi Horus marchant sur les crocodiles.

L'arcosolium situé à l'ouest est aussi couvert de peintures qui représentent la résurrection de Jésus-Christ. Un ange est assis sur une grande pierre devant un tombeau vide, et sa tête est surmontée de l'inscription ΑΓΓΕΛΟC Κ͞Υ « ange du Seigneur. » Trois femmes sont debout devant lui, dans une attitude d'adoration, et sont désignées par l'inscription ΓΥΝΑΙΚΕC « femmes. » Derrière l'ange se trouve debout un des apôtres au-dessus duquel on lit l'inscription CΙΜѠΝ Ο ΚΑΙ ΠΕΤΡΟC « Simon appelé aussi Pierre. » Au fond on voit des soldats accroupis et endormis.

Sur les jambages intérieurs de l'arcosolium sont encore, de chaque côté, d'autres figures presque effacées; à gauche, une figure debout avec la légende ΘѠΜΑC ΑΠΟCΤΟΛΟC et une autre avec l'inscription ΕΙΕΖΕΚΙΗΑ ΠΡΟΦΗΤΗC ; à droite une figure avec l'inscription ΗCΑΕΙΑC ΠΡΟΦΗΤΗC, et une autre ayant à côté la légende ΔΑΝΙΗΛ. Sur la grande paroi, en dehors et de chaque côté de l'arcosolium, on voit d'autres figures ; et d'abord un saint avec la légende Ο ΑΓΙΟC ΒΑΚΧΟC ; puis une grande croix grecque accostée de l'inscription Ι͞C Χ͞C ΝΙΚΑ, c'est-à-dire : *Jesus Christus vincit.* Cette figure et cette croix sont à droite de l'arcosolium, c'est-à-dire à gauche du visiteur, dans l'angle sud-ouest de la salle. Les figures de l'autre côté sont effacées.

Le troisième arcosolium, à l'est, diffère des deux autres en ce que la paroi principale du fond est creusée pour la seconde fois un peu plus en dedans, de manière à former un petit autel (*mensa*) au-dessus du tombeau double (*bisomum*) creusé au sous-sol. Au fond est peinte une croix avec deux oiseaux. Dans la paroi latérale, à gauche de l'autel et à droite du visiteur, est creusée une petite niche, *ara propositionis*, πρόθεσις, où l'on déposait le pain et le vin, et les vases sacrés, qui devaient servir au rite de l'eucharistie. Au-dessus de l'autel, *mensa*, τράπεζα, on voit la croix grecque figurée au milieu d'une rosace, et sur les parois latérales de l'arcosolium sont peints les *onze* apôtres nimbés d'auréoles jaunes. La voûte est ornée d'un tableau qui représente l'ascension de Jésus-Christ au ciel, au milieu des chœurs des anges ; ces derniers ont les ailes déployées, et leur tête est entourée d'un diadème, *fascia alba*, au lieu d'un nimbe.

Sur la paroi latérale, à droite, on voit quelques figures de saints ; l'une est celle de saint Jean-Baptiste : on distingue dans sa main gauche un volumen déroulé, sur lequel on lit ΦѠNH BOѠNTOC ЄN TH ЄPHMѠ ЄTOIMACATЄ THN OΔON K̄Ȳ ЄYΘIAC ΠOIЄ... « Voix du criant au désert : préparez la voie du Seigneur ; faites [ses sentiers] droits, etc. »

Dans le coin sud-est, près du pilastre, on voit une croix semblable à celle de l'angle sud-ouest.

Il est à noter que la chapelle funéraire, dont il est question, avec ses annexes, *cubicula* et *arcosolia*, présentait sur ses parois les traces d'une première ornementation avec des peintures, et d'une deuxième et d'une troisième restauration, opérées couche sur couche, qui, toutes indiquaient une date correspondant à l'époque qui s'étend du commencement du IIIe siècle de notre ère au commencement du Ve siècle. Car il est bien connu que les représentations symboliques du sacrement de l'eucharistie, sous la forme primitive des agapes, et la bénédiction des pains sacrés, du vin et des poissons mystiques, telles qu'elles sont peintes sur l'hémicycle de l'abside au-dessus de l'exèdre, se rapportent au commencement du IIIe siècle ; que c'est seulement à la première moitié du IVe siècle qu'on trouve l'auréole sur la tête du Christ, des anges, des prophètes, des évangélistes et des apôtres, et que la croix est accostée de la légende ĪC̄ X̄C̄ NIKA : toutes circons-

tances qui se retrouvent parmi les peintures des parois du cubiculum, au nord de la chambre centrale.

Vient ensuite la figure de la *Vierge* représentée sur l'hémicycle
de l'abside, parmi les apôtres nimbés, sans aucun attribut de
distinction, et encore moins de supériorité. Elle est debout
et dans l'attitude de la prière : circonstance qui se rapporte
à une époque bien antérieure au commencement du v⁰ siècle;
puisque c'est en l'année 431 que le concile œcuménique d'É-
phèse définit la Vierge *très sainte Mère de Dieu*, παναγία Θεοτόκος ;
que depuis lors on commença à la représenter avec une auréole
sur la tête, tenant l'enfant Jésus sur ses genoux, et que son titre
fût inscrit par les sigles $\overline{MP}$ $\overline{\Theta Y}$, μήτηρ Θεοῦ, indépendamment de
toute relation avec d'autres personnalités de son temps.

Une particularité très remarquable : tandis que dans les caveaux funéraires païens du plateau de l'est de la ville ancienne
et dans ceux de la nécropole entre Éleusis et Nicopolis, qui
remontent à l'époque des Ptolémées et des empereurs, on a trouvé
des ossements de cadavres en entier, ou leurs cendres, dans les
catacombes chrétiennes, les tombeaux et les loculi étaient vides.
Nulle part on n'a trouvé d'ossements, et moins encore de momies, bien que chez les chrétiens de l'Égypte, l'ancien usage de
l'embaumement des corps ait été général jusqu'à la fin du
iv⁰ siècle sous l'empereur Théodose, malgré toutes les prédica-
tions de saint Antoine, et que cet usage ait continué çà et là
jusque sous la domination arabe, pendant le viii⁰ siècle.

On ne peut expliquer ce fait que d'une seule manière. Sous le
règne d'Arcadius à la fin du iv⁰ et au commencement du v⁰ siècle
d'après une homélie de saint Chrysostome, on procéda, dans
plusieurs localités de l'Égypte, et principalement à Alexandrie,
à une exhumation générale des ossements et des momies des anciens chrétiens, et l'on fit ensuite une exportation en gros de
ces reliques dans tous les centres de la chrétienté d'alors et surtout à Constantinople. Cette exportation pieuse des ossements,
supposés authentiques, de saints et de martyrs, devait fournir
les reliques qu'il était de rigueur de déposer sous les autels des

nouvelles églises, ou que l'on exposait à la vénération des
fidèles. Alexandrie se dégarnit alors de ses trésors en reliques
saintes pour satisfaire à la demande générale de tout le monde
chrétien[1].

Un peu plus loin, à l'est de la chapelle dont nous parlions tout
à l'heure et plus près du village arabe de Karmoûz, on a découvert en 1876, pour la détruire ensuite, une autre chapelle funéraire chrétienne, beaucoup plus ancienne que la précédente. Elle
était composée de deux pièces creusées dans le roc et voûtées, la
cella et le cubiculum attenant.

L'entrée de la chapelle présentait la forme d'un édicule grec,
ou romain, avec ornementations en style égyptien. Les piliers,
de chaque côté, portaient des chapiteaux à fleurs de lotus, et sur
le fronton se voyait le disque solaire ailé et flanqué des serpents
uraeus. Sur le pilier, à droite, on lisait, écrit sur trois lignes
avec de l'ocre rouge : POYΦEINE EYΨYXEI· L K̄B̄. MKA²(μακαρίας λήξεως). Sur le pilier, à gauche, on lisait encore toujours écrit
en ocre rouge, mais cette fois sur deux lignes et d'une autre
main moins correcte : PΟYΦHNA EYΨYXI, au lieu de Ρουφινα
ευψυχι³.

L'écriture indique l'époque d'Antonin le Pieux. Que les inscriptions soient chrétiennes et non païennes, malgré l'absence
de tout signe symbolique de la nouvelle foi, c'est ce qui ressort

1. « ... Voici une anecdote que nous a citée, au mois d'avril dernier (1885),
M. Maspero et qui me paraît avoir son prix dans la question.
« Comme nous visitions le musée de Boulaq et qu'il nous montrait les momies, il en vint, à ce propos, à nous raconter qu'au siècle dernier, un ou plusieurs apothicaires de Marseille avaient adressé au représentant de la France à
Alexandrie une singulière réclamation. Ces messieurs se plaignaient de la mau-
vaise qualité de la poudre provenant des momies, qu'on leur envoyait d'Alexandrie. La poudre des momies, qui, dit-on, est encore aujourd'hui employée dans
la composition des couleurs et très recherchée des peintres, entrait de plus, à
cette époque, pour une part assez sérieuse dans la pharmaceutique.
« La réponse du correspondant, réponse que M. Maspero a lue, fut que les
momies étant devenues introuvables à Alexandrie, les Arabes, pour ne pas
perdre les bénéfices de leur trafic, se rabattaient sur les cadavres ordinaires. »
(Lettre de l'abbé Budin à l'auteur.)
2. *Rufine, spiritus tuus in bono : annorum XXII; beatae finis.*
3. *Rufina, spiritus tuus in bono.*

des lieux où elles ont été trouvées, ensuite de la brièveté de leur rédaction et surtout de la formule μικραΐας λήξεως » de fin, bien heureuse. » En ce qui concerne le mot εὐψύχει, c'était une formule usitée communément aussi bien par les païens que par les premiers chrétiens.

Le cubiculum ou κοιμητήριον contigu, s'étendait sur le même axe de la chapelle, à huit mètres à peu près de profondeur, sur quatre mètres et demi de largeur et quatre mètres de hauteur. Les deux côtés, à droite et à gauche, avaient trois rangs superposés de sept loculi chacun, et au fond se trouvaient aussi trois rangs de quatre loculi : en tout cinquante quatre loculi ouverts et vides.

CHAPITRE XII

En dedans des murs de l'enceinte actuelle de la ville d'Alexandrie, qu'on nomme ordinairement enceinte des Arabes, mais qui n'est autre chose que l'ancienne enceinte byzantine, restaurée et réparée par les Arabes à différentes époques, se trouvent les deux monticules Kôm-ed-Dik et Kôm-ed-Démâs qui contiennent des amas de sépultures superposées appartenant à diverses époques. C'est de cette circonstance que la dernière colline a reçu son nom de Kôm-ed-Démâs, c'est-à-dire Butte des sépultures [1]. Aux pieds de celle-ci, à l'ouest, outre les tombeaux musulmans de nos jours, on trouve des sépultures arabes du viii° siècle et des siècles suivants jusqu'au xi°. Sous les couches inférieures sont des sépultures chrétiennes qui remontent aux temps byzantins.

La mosquée même, appelée Nébi-Daniel, est bâtie, d'après Mahmoud-Bey et d'autres savants musulmans, au-dessus de caveaux funéraires païens les plus magnifiques. Toute la déclivité de la colline qui s'étend entre la mosquée et la grande rue actuelle de la promenade, appelée aussi avenue de la porte de Rosette et qui n'est autre que l'ancienne rue Canopique, est remplie des sépultures chrétiennes de l'époque byzantine, et d'hypogées qui, à tort ou à raison, ont été supposés appartenir aux temps des Ptolémées et des empereurs.

---

1. *Dams* en arabe veut dire δέμας, σῶμα, le corps. Le pluriel *demâs* signifie les corps aussi bien que les tombeaux, dans le sens de *tumulus, cubiculum, mausoleum*, σῆμα.

Le fait est qu'à cet endroit, en creusant les fondations d'une maison, on a recueilli des fragments de statues, et notamment un torse colossal d'Hercule, en marbre blanc, devant une chambre funéraire. Le demi-dieu, nu et assis, une peau de lion jetée sur ses genoux, la main droite étendue, et la main gauche reposant sur sa massue, est d'un style grandiose qui rappelle les plus belles époques de l'art grec.

Parmi les décombres, on trouva aussi des sépultures d'hommes du peuple, renfermant des squelettes entiers : ces sépultures étaient à fleur de terre et de forme prismatique, formées de plusieurs dalles de pierre, unies par juxtaposition et inclinées des deux côtés, de manière à se soutenir mutuellement et à former un faîte pointu sous lequel était déposé le cadavre.

L'existence au pied de la colline de Kôm-ed-Démâs, de caveaux funéraires remontant, d'après Mahmoud-Bey, aux temps des Ptolémées, autorise à croire avec une apparence de probabilité, que c'est à cet endroit qu'existait le Sôma[1], c'est-à-dire l'enceinte renfermant les tombeaux des rois et le mausolée d'Alexandre.

Le mausolée, d'après Achille Tatius et Pseudo-Callisthène, qui l'appellent encore τάφος Ἀλεξάνδρου, c'est-à-dire *locus*, dans le sens de sépulture, était situé au milieu de la ville, et donnait sur une rue garnie de colonnades qui traversait la grande avenue longitudinale ou canopique, divisant la ville en deux parties inégales : celles de l'ouest, la plus ancienne et la moins étendue, et celle de l'est, la plus récente, et aussi la plus importante et la plus vaste. Or, le mausolée se trouvant sur cette rue, devait être considéré comme servant de point de démarcation entre la vieille bourgade égyptienne de Racôtis, παλαιὰ πόλις, et la cité nouvelle, macédonienne et romaine, Νεάπολις, à l'est. Des inscriptions latines du II° siècle de notre ère, nous font connaître des personnages portant le titre de *procurator Neaspoleos et mausolei*

---

1. Σῶμα veut dire le *corps*, c'est la leçon constante des manuscrits; et malgré tous les critiques, tels que Casaubon, Wesserling, Hyne et Coray qui lisent σῆμα, c'est-à-dire *monument*, on observera que la leçon σῶμα se retrouve également dans Pseudo-Callisthène, qui avait sous les yeux des auteurs alexandrins. (Gosselin, *Notes sur Strabon*.)

Alexandri. (Renier, *Inscr. alg.*, 3518. — Boissieu, *Inscr. de Lyon*, 246.)

Dans ces inscriptions, on voit que le mausolée faisait partie de la cité nouvelle, du quartier des édifices publics et des palais, c'est-à-dire du Bruchium. Mais sous la domination byzantine, son emplacement était déjà effacé du mémoire des hommes, et saint Jean Chrysostome, dans une de ses homélies (XXVI, 12) parle de lui comme d'une chose parfaitement inconnue de son temps, c'est-à-dire vers la fin du IV° siècle.

Toutefois les Arabes d'Alexandrie montraient au XIV° siècle le tombeau du grand prophète et roi Iskander ; mais rien ne prouve que ce fut la véritable sépulture d'Alexandre. Léon l'Africain dit que, de son temps (1491-1517) on voyait encore à Alexandrie un petit édifice que les musulmans prenaient pour le tombeau d'Alexandre ; ils y allaient en pèlerinage et y déposaient leurs offrandes.

Marmol, cité par James Bruce, raconte l'avoir vu en 1546. C'était, suivant lui, un édifice assez petit, bâti en forme de chapelle au milieu de la ville et près de l'église Saint-Marc, ce qui correspond avec l'emplacement actuel de la mosquée Nébi-Daniel et de l'église copte de Saint-Marc, lesquelles donnent sur la même rue et ne sont séparées l'une de l'autre que par quelques centaines de pas.

D'après Norden qui voyagea en Égypte, en 1737, le tombeau et la chapelle ne se voyaient plus à cette époque, et la tradition même en était entièrement perdue : il s'en était informé inutilement. James Bruce lui-même, malgré toutes ses recherches, en 1768, ne put jamais rien apprendre touchant le tombeau d'Alexandre. Les résidents chrétiens, grecs et autres, les Juifs, les Arabes, lui parurent à cet égard également ignorants.

Au temps où Sestini fit son voyage en Égypte, en 1774, on prenait pour tombeau d'Alexandre, le sarcophage d'Amyrtaeus, de la XXVIII° dynastie de Saïs, qui se trouvait alors dans la mosquée d'Attarine, l'ancienne église de Saint-Athanase. Le sarcophage fut enlevé par les Anglais et transporté à Londres.

CHAPITRE XIII

MAUSOLÉE DE CLÉOPÂTRE

L'emplacement du temple d'Isis πλουσία, sur la même rue transversale où Mahmoud-Bey croyait avoir trouvé les vestiges du Sôma et des tombeaux royaux, m'a paru un instant indiquer l'endroit où Cléopâtre a fait construire de son vivant les tombeaux destinés à sa sépulture et à celle des siens, et où après sa mort elle a été déposée à côté d'Antoine.

Plutarque (*Vit. Anton.*, LXXIV) raconte que cette reine avait fait construire comme *annexe du temple d'Isis* (προσφκοδόμησε τῷ ναῷ τῆς Ἴσιδος) des sépultures monumentales d'une élévation et d'une magnificence étonnantes, où elle transporta tout ce qu'elle avait de plus précieux : sa fortune en or et en argent et tous ses bijoux. Ce même auteur (LXXXVI), en parlant du genre de mort employé par Cléopâtre, ajoute : « Mais on ne sait pas la vérité là-dessus, » c'est-à-dire si elle mourut par la piqûre d'un aspic ou par quelque poison : on ne vit pas même de serpent dans l'intérieur de la pièce où elle se trouvait ; on disait seulement avoir aperçu quelques traînées de reptile *du côté de la mer* où donnait la chambre et où il y avait des fenêtres. »

Cette relation de Plutarque est bien explicite : le tombeau monumental de Cléopâtre était contigu au temple d'Isis, du côté de la mer.

Mais qui peut nous assurer que Plutarque, en parlant du temple d'Isis, voulait dire Ἴσιδος πλουσίας ? Dion Cassius (LI, 8), qui mentionne lui aussi le monument bâti par Cléopâtre, dit : τὸ μνημεῖεν ὁ ἐν τῷ βασιλείῳ κατεσκεύαζεν, c'est-à-dire le *tombeau qu'elle faisait construire dans le palais même*. Or nous savons pertinemment et que les palais royaux étaient à côté du cap qui portait le nom de Lochias (λοχιὰς ἄκρα), et, les inscriptions en font foi, qu'il y avait là un temple d'*Isis Lochias salvatrix* : Ἴσιδος λοχιάδος σωτείρας.

Par conséquent, c'est à côté du temple d'Isis Lochias, où était le palais royal donnant sur la mer, qu'on doit chercher le mausolée de Cléopâtre, et non pas à côté du temple d'Isis de l'Abondance, sur la rue transversale de Sôma, aujourd'hui Nébi-Daniel.

CHAPITRE XIV

SÉPULTURES A L'INTÉRIEUR DE LA VILLE BYZANTINE

Tout le terrain situé à l'ouest de Kôm-ed-Démàs, le nouveau quartier d'Attarine, comme aussi les ruines de bâtisses antiques qui se trouvent au milieu des jardins situés entre le quartier d'Attarine et celui de Tartoùchy, et où s'élève actuellement l'établissement des pères jésuites et l'orphelinat des sœurs de Saint-Vincent-de-Paul, sont remplis d'hypogées et de sépultures ordinaires, byzantines et même musulmanes avec inscriptions ,en lettres koufiques de l'époque des kalifs Ommayades et Fatimites.

C'est ainsi que, pendant qu'on creusait les fondations des maisons Cattàouy, devant la mosquée de Nébi-Daniel, on trouva, à une profondeur de six à sept mètres le sol primitif, avec la colonnade du côté ouest de la rue transversale du Sôma, dont les colonnes en porphyre étaient renversées. Plus en dedans, on découvrit le pavé en mosaïque d'un palais et d'autres colonnes plus grandes, renversées et brisées. Ces ruines ont été trouvées sous des décombres, qui, de leur côté, contenaient des citernes. A côté de ces citernes, on trouva plusieurs caveaux funéraires, bâtis en brique et en pierres calcaires, et d'autres sépultures construites avec des dalles et de forme prismatique.

Cette circonstance porte à croire que toutes ces citernes, ces caveaux et ces sépultures datent d'une époque postérieure à la destruction du palais qu'on suppose avoir été le Musée, c'est-à-dire sous la domination byzantine et au commencement de celle des Arabes.

De même, pendant qu'on traçait le prolongement de la rue Ibrahim, autrement dite rue des Sœurs, pour arriver au Pont-Neuf du canal Mahmoudieh, et en creusant les buttes du village de Tartouchy, on trouva au-dessus de citernes grandioses, spacieuses, à plusieurs étages, et garnies de colonnes de style byzantin, des hypogées chrétiens et des sépultures entassées jusqu'à la surface supérieure de collines, si bien que les palmiers qui avaient cru au dessus, enveloppaient de leurs racines les voûtes des hypogées, et envoyaient même quelques filaments jusque dans l'intérieur des sépultures.

Et pourtant ces sépultures, qui, selon toute apparence, ne peuvent pas être antérieures aux premiers siècles de la domination arabe, sont construites de la même manière, et présentent les mêmes dispositions que les sépultures des temps ptolémaïques et romains, et rien ne leur assignerait une date plus récente, si elles n'étaient placées dans l'intérieur de la ville byzantine et arabe, et à fleur de terre des buttes formés par les décombres qui couvrent les ruines des édifices anciens.

Un peu plus loin, derrière la Bourse de Minet-el-Bassal, sur l'emplacement du mur d'enceinte arabe et après la porte occidentale ou de Qabbàry d'autrefois, entre celle-ci et la mer, en creusant pour jeter les fondations d'une usine à pressage mécanique de coton, on a trouvé des sépultures chrétiennes souterraines, tout un quartier de catacombes creusées dans le roc, avec des *loculi* et des inscriptions écrites en ocre rouge sur les parois extérieures indiquant les noms de personnes d'ordre religieux. On trouva même quelques tablettes en marbre ayant servi à fermer les ouvertures d'autres *loculi*, qui portaient des inscriptions de l'époque constantinienne.

CHAPITRE XV

ÉGLISE DE THÉONAS

Tous ces hypogées appartenaient à une ancienne église voisine et située à proximité du port occidental, dont les restes se voyaient encore à l'époque de l'expédition française. C'est là que les évêques-patriarches d'Alexandrie faisaient leur résidence à la fin du IIIᵉ et pendant la première moitié du IVᵉ siècle.

Sous la domination musulmane, elle fut transformée en mosquée appelée par les Arabes : « la mosquée occidentale », *Djamat-el-Gharbieh*, ou *des mille colonnes* [1]. Le plan de cette mosquée renfermait dans son pourtour intérieur un cloître ou portique à double rang de colonnes, en marbre et en porphyre, de style grec et byzantin. A l'arrivée des Français à Alexandrie, en 1798, et pendant la guerre qui s'ensuivit, une grande partie de la mosquée et de ses colonnes fut détruite, et, dans le cloître qui restait encore, et qui était très vaste, les Français établirent leurs ateliers d'artillerie.

Sous le règne de Méhémet-Aly, le cloître fut transformé en hôpital militaire et de la marine, et, en 1872, sous le khédive Ismaïl, en hospice des pauvres et en caserne de gendarmerie. Finalement, tout ce qui restait, a été donné, en 1881, avec le terrain environnant, par le khédive Méhémet-Théwfik, aux pères Franciscains de Terre-Sainte, qui ont construit une église sous l'invocation de saint François d'Assise.

1. L'autre appellation « Mosquée des Septante » est de pure invention des antiquaires *dilletanti* du dernier siècle.

Quelques traditions confuses *parmi les étrangers chrétiens* du dernier siècle, prétendent que là était l'église de Saint-Marc. Cette hypothèse est absolument erronée.

Jusqu'à la fin de la première moitié du IIIe siècle de notre ère, aucune église n'existait à Alexandrie ; les chrétiens persécutés, faisaient leurs réunions, appelées synodes ou synaxes, dans les cimetières et les cryptes, à côté des sépultures des martyrs, situées au faubourg de la nécropole macédonienne à l'ouest de la ville. Émilien, préfet d'Égypte sous les empereurs Valérien et Gallien (253-260), interdit à l'évêque Dionysius, XIVe patriarche (247-265), les réunions des fidèles même dans les cimetières (Euseb., *Hist. eccl.*, VII, 11). A cette époque, il n'y avait qu'un seul oratoire. Il s'élevait à côté du tombeau de saint Marc, en face du grand port, ou port oriental.

La première église proprement dite, construite à Alexandrie, fut précisément la basilique dont nous venons de retrouver les traces dans la mosquée occidentale ou « des milles colonnes. » Elle fut bâtie comme simple oratoire par l'évêque Théonas, XVIe patriarche d'Alexandrie (282-300), au commencement du règne de Dioclétien, avant la persécution de cet empereur ; depuis elle fut reconstruite et agrandie par le patriarche Alexandre (313-326), pour servir de cathédrale, Κυριακὸν ou μεγάλη ἐκκλησία, et fut dédiée à *sainte Marie*, c'est-à-dire à la sainte Vierge. (S. Athan., *Apolog. ad Const. imp.*)

Située à l'ouest de la ville, sur l'extrémité de la grande avenue longitudinale et près du port occidental, avec vue sur la mer, elle s'appelait communément *Église de Théonas*, et les patriarches, depuis son fondateur jusqu'à saint Athanase, et à son successeur Pierre II, c'est-à-dire pendant un siècle, y firent leur résidence (Κυριακὸν, ou *Dominicum*).

Que l'église de Théonas fût près du port occidental et donnât sur la mer, nous le savons de l'anecdote racontée par Sozomène (*Hist. eccl.*, II, 17) sur l'enfance de saint Athanase. L'historien, parlant de la fête que les Alexandrins célébraient avec grande pompe en mémoire de l'anniversaire de la mort de saint Pierre, évêque et martyr, ajoute que l'évêque Alexandre, XIXe patriarche (312-326), après avoir à l'occasion de cette fête, célébré la messe, attendait devant l'église les invités au repas de midi. *En contemplant la mer devant lui, il vit de loin sur le rivage*, des enfants jouant et imitant l'évêque et les rites de l'Église ; or, celui des enfants qui imitait l'évêque et baptisait les autres, était précisément Athanase, le même qui, un jour, devait lui succéder au siège patriarcal.

C'est dans le cloître de l'église de Théonas que, le 9 février de l'an 356, le dux Syrianus après avoir, avec quelques milliers de troupes et la populace arienne, enfoncé les portes, fit irruption pour saisir saint Athanase et l'expulser du siège patriarcal [1].

Une autre fois, en 374, le préfet Palladius, ayant fait cerner le cloître par ordre de l'empereur Valens, y fit irruption, suivi par la populace païenne et juive. Son but était d'obliger l'évêque Pierre II (XXIe patriarche) à se démettre de ses fonctions en faveur d'un certain Lucius de la faction arienne, et en cas de refus, de l'expulser *manu militari*. Peu de temps après, la retraite de Pierre II, le *comes largitionum comitatensium*, Magnus, à la tête d'une masse innombrable de soldats et de peuple, fit arrêter le chapitre entier des prêtres et des diacres et, séance tenante, les embarqua et les envoya en exil en Syrie. Magnus donnait ses ordres debout, *en face du port* et à côté d'un bain public [2]. Il est à remarquer que la porte de la Marine donnant sur le port occidental ou port vieux, et qui se trouve à côté des ruines de la basilique qui nous occupe ici, s'appelle encore aujourd'hui Bab-el-Hamam, qui veut dire : « Porte-du-Bain. »

---

1. « Itaque dux Syrianus et notarius Hilarius ...praemittentes omnes per Aegyptum ac Libyam militum legiones... et frangentes ostia ecclesiae Theonae, ingressi sunt cum infinitâ manû militari. Episcopus autem Athanasius effugit manus eorum, et salvatus est. » *Hist. aceph.* — S. Athan., *Epist. festales.*

2. « Ὁ τοῦ ἔθνους ἡγεμονεύων Παλλάδιος... τὸν Ἑλληνικὸν καὶ Ἰουδαϊκὸν ὅμιλον συναθροίσας τοὺς τῆς ἐκκλησίας ἐκύκλωσε περιβόλους, ἐξεῖναι τῷ ἐπισκόπῳ Πέτρῳ παρηγγύων, καὶ γὰρ ἄκοντα ἐξελάσειν ἠπείλει,... ἐν γὰρ τῇ καλουμένῃ ἐκκλησίᾳ Θεωνᾷ », etc.

« ...Καὶ ὁ τῶν κορματισίων καὶ λαργιτιόνων κόμης [Μάγνος] στρατιωτῶν ἐπαγόμενος ἄπειρον πληθύν... αὐτὸς ἑστηκὼς ἐπὶ τοῦ λιμένος, πλησίον γὰρ ἐν δημοσίῳ λουτρῷ, τὴν κατάκρισιν κατ' αὐτῶν [τῶν κληρικῶν] ὥρισε, » etc. (Théodoreti, *Histor. eccl.* IV, 22.

Plus tard, au ve siècle, l'église de Théonas était appelée ⲧⲁ-ⲙⲁⲧⲟⲁ, en langue égyptienne, et τῆς Θεοτόκος en grec, conformément à l'acte du concile œcuménique d'Éphèse, en 431, qui avait défini la Vierge : Mère de Dieu. A cette époque, l'église de Théonas, n'était plus qu'une des paroisses de la ville, le Césaréum ayant pris, à la fin du ive siècle, le rang de « grande église », c'est-à-dire cathédrale.

CHAPITRE XVI

A cette époque, en dehors de l'église de Théonas et de celle du Césaréum, on remarquait encore à Alexandrie l'église de Dionysius (*Dominicum Dionysii*) qui, de 357 à 361, servit de résidence au patriarche arien Georgius, et où saint Athanase lui-même séjourna jusqu'au mois d'août 370, époque où il consacra l'église construite par lui au quartier du Βενδίδιον ou Mendidium, et laquelle par la suite porta son nom.

Sous la domination arabe, l'*église de Saint-Athanase* fut, elle aussi, transformée en mosquée ; c'était la seconde par sa grandeur et son importance après celle de Théonas. Elle renfermait un grand nombre de colonnes antiques, la plupart en marbre cipollin, quelques-unes en granit rose, de forme et de proportions différentes, avec des chapiteaux variés de style byzantin.

Les Arabes l'appelaient *mosquée du Soûq-el-Attarin*, c'est-à-dire « du marché des épiciers » ; réminiscence peut-être de l'ancienne Ἀγορά, Forum, dont l'emplacement devait être en cet endroit, derrière l'Emporium, les Apostases et les Navalia.

Presqu'en face de la mosquée, du côté sud, en creusant les fondations d'une maison, en 1870, on a trouvé la statue en porphyre d'un empereur romain assis sur son trône et qui représentait probablement Dioclétien. La statue était malheureusement mutilée au-dessus du buste, et la tête manquait. Au même endroit, on rencontrait encore debout, au temps de l'expédition française, les fûts de trois colonnes monolithes en porphyre. Leur alignement se dirigeait sur la rue qui allait de la porte orientale ou de Rosette, à la porte occidentale du Port-Vieux, et qui est tracée sur l'ancienne avenue Canopique.

CHAPITRE XVII

ÉGLISE DE SAINT-MARC

En ce qui concerne l'*église de Saint-Marc*, nous savons positivement, par les actes de saint Pierre, évêque et martyr (XVIIIe patriarche, 300-311), que jusqu'au commencement du ive siècle, elle n'était qu'un simple oratoire, situé dans un endroit anciennement appelé Βουκόλου, près de la mer, sur le grand port oriental. C'était le lieu du martyre et de la sépulture du fondateur du siège patriarcal d'Alexandrie, et les restes de plusieurs de ses successeurs y reposaient près des siens.

C'est ici que l'évêque Pierre fut conduit pour prier sur le tombeau de saint Marc, avant d'être conduit au lieu de son supplice, dans la vallée à côté des sépultures (*in vallem juxta sepulcra*), entre les oppida d'Éleusis et de Nicopolis, à l'est de la ville. (S. Petri Alex., episc., *Acta in Spicil. Rom.*, III, 673.)

L'année suivante, en 312, sous le court patriarcat d'Achillas, l'oratoire prit les proportions d'une église paroissiale, appelé βουκόλις ἐκκλησία ou ἐν ταῖς Βουκόλου, dont Arius le fameux hérésiarque fut nommé le curé. La nouvelle église, outre le privilège d'être le plus ancien sanctuaire d'Alexandrie, et de contenir le tombeau de l'évangéliste, était en outre très importante par le fait d'être située près du grand port oriental et au centre du mouvement commercial de la ville, à proximité de l'Emporium et des Apostases.

A la prise de la ville d'Alexandrie par les Arabes, l'an 640 de notre ère, l'église de Saint-Marc fut brûlée. Jean III de Sebennytus,

XLe patriarche jacobite (677-686), entreprit de la reconstruire. Il l'acheva en 680, et y mourut pendant la célébration d'une messe pontificale, en 686.

C'est d'ici que les premiers jours de l'année 828, deux marchands vénitiens enlevèrent frauduleusement le corps de saint Marc, pour le porter à Venise.

A partir de sa reconstruction par le patriarche Jean III, l'église de Saint-Marc resta en la possession du clergé jacobite jusqu'à l'an 1219 où elle fut de nouveau détruite de fond en comble par la population musulmane. On était sous le règne de Mélik-el-Kamel, neveu de Salah-ed-Din, et le peuple craignait que le couvent de Saint-Marc, fortifié comme il l'était à cette époque, ne servit les croisés qui, sous les ordres de Jean de Brienne, venaient d'assiéger Damiette et menaçaient la ville d'Alexandrie.

Trois siècles plus tard, nous trouvons dans la relation du voyage de frère Jehan Thénaud et dans celle du voyage de Domenico Trevisan, ambassadeur de Venise, voyages faits tous les deux en 1512, que l'église de Saint-Marc, évidemment restaurée, avec deux autres au voisinage, celle de Saint-Michel et celle de Saint-Sabas, étaient occupées par l'ordre religieux catholique des frères Cordeliers (frères de la Ceinture).

Peu de temps après, les Jacobites prirent de nouveau possession de leur ancienne église. Pierre Bélon du Mans, dans la relation de son voyage en Égypte accompli en 1527, dit qu' « il y avait des moines jacobites qui tenaient un logis pour patriarcat, avec leur église, en l'endroit où anciennement était le corps de saint Marc, avant que les Vénitiens l'eussent enlevé pour l'emporter. »

Détruite une dernière fois pendant l'expédition française en 1798, elle fut reconstruite en guise de chapelle recouvrant ce qui restait du tombeau de l'Évangéliste. La dernière restauration est toute récente : elle date de l'année 1870.

CHAPITRE XVIII

LE THÉÂTRE

Le plateau rocailleux situé en face de la colline Kòm-ed-Dik, l'ancien Paneum, et en dedans des murs de l'enceinte actuelle au nord, ainsi que le plateau situé en dehors de ces murs du côté de la mer se trouvant, à raison de leur élévation, à l'abri des suintements et des infiltrations, furent utilisés aux époques byzantine et arabe pour le creusement de caveaux funéraires et de sépultures.

Sur le plateau situé du côté de la mer et occupé actuellement par la gare du chemin de fer anglais de Ramleh, l'hôpital égyptien, et les bastions appelés « la batterie des Juifs » (Tàbiat-el-Iahoùd), s'élevait, à l'époque des Ptolémées et des empereurs, le théâtre, qui, à un moment donné, servit à Jules César de citadelle, pendant la guerre d'Alexandrie, l'an 48 avant notre ère. Du théâtre, on descendait au grand port et au port fermé des rois (J. Caes., *Bel. civ.*, iii, 12 — *Bel.*, *Alex.*, xiii). Des palais intérieurs, entre les méandres des jardins royaux d'un côté et la Palestre de l'autre côté, une galerie couverte conduisait au passage du théâtre (Polyb., xv, 30).

CHAPITRE XIX

TEMPLE DE SATURNE (ÉGLISE D'ALEXANDRE)

Sur le plateau qui se trouve en face de Kôm-ed-Dik, se trouvait
le sanctuaire de Saturne (Κρόνου ἱερὸν) où chaque année, à
un certain jour, d'après Dioclès de Caryste, cité par Athénée
(III, 74), il y avait distribution de pains grillés à ceux qui en
demandaient.

Ce temple fut transformé en église chrétienne par l'évêque
Alexandre (XIXᵉ patriarche, 313-326). Alexandre, d'après l'auteur
arabe Macrizy, persuada au peuple d'Alexandrie de changer la
fête de Saturne (Κρόνα), qui se célébrait le 12 du mois d'Athyr
(8 novembre), en fête de Saint-Michel, tout en conservant
l'ancien cérémonial et les rites de la fête païenne. Le temple lui-
même fut consacré sous l'invocation de l'archange, mais il porta
ensuite le nom d'*église d'Alexandre* (ἐκκλησία Ἀλεξάνδρου).

Que cette église fût située dans la région est de la ville byzantine, vers le quartier des Juifs, c'est ce qui résulte de l'histoire
de la conspiration des Juifs contre les chrétiens, et de leur
combat nocturne (νυκτομαχία) sous le patriarcat de Cyrille
(XXIVᵉ patriarche). En 415 les Juifs s'étaient concertés pour
un massacre général des chrétiens. En conséquence, au milieu
d'une nuit profonde, ils donnèrent l'alarme dans la ville et
répandirent le bruit que l'église d'Alexandre était en feu. Pendant que les chrétiens accouraient de tous côtés au secours de
l'église, les Juifs qui les attendaient, tombaient lâchement sur
eux et les égorgeaient. (Socr., *Hist., eccl.*, VII, 13.)

L'église de Saint-Michel fut détruite, en 969, par les soldats du premier kalife Fatimite, El-Moëzz, sous les ordres de Djohar. Cependant elle doit avoir été restaurée au commencement du xiie siècle; puisque la consécration des patriarches jacobites ayant lieu, à cette époque, au Caire, leur intronisation se faisait à Alexandrie, le premier jour à l'église patriarcale jacobite d'Angélium (d'où le nom d'Angelitae dont on les appelle aussi), le second jour à l'église Saint-Michel et le troisième à l'église de Saint-Marc.

Quelques voyageurs, au commencement du xvie siècle, parlant de cette église, disent qu'à cette époque elle était sous la garde de l'ordre religieux catholique des frères Cordeliers; mais Pierre Bélon du Mans, qui se trouvait à Alexandrie en 1527, dit qu'elle était, avec celle de Saint-Marc, entre les mains des Jacobites. Depuis lors on n'en parle plus, et les vestiges de ce sanctuaire ont disparu.

Pendant le déblaiement du terrain et le creusement des fondations de l'École-Monument, en 1876, on mit à jour les substructions d'un édifice que je suppose être celles de l'église de Saint-Michel avec des fragments d'ornementation chrétienne crucifère, et des hypogées, portant des inscriptions presque effacées en grec et en copte.

Plus loin, là où se trouve aujourd'hui le nouveau quartier grec, on découvrit des fûts et des chapiteaux de colonnes en granit, du style grec le plus pur et de dimensions colossales. Là devait être la Palestre en face du Paneum, tout près des jardins royaux d'un côté, et du Gymnase et du Dicastère de l'autre côté. L'emplacement de ces derniers devait être à l'est du Paneum et de la Palestre.

Ainsi tout le sol de l'ancienne Alexandrie des Ptolémées et des empereurs, la ville byzantine et arabe y comprises, est devenu, avec le temps, un vaste cimetière qui, commençant en dedans des anciens murs d'enceinte, s'est développé au fur et à mesure que la ville décroissait et dépérissait. Chaque siècle nouveau voyait ainsi la cité d'Alexandre se resserrer et se contracter graduel-

lement, pour se réduire enfin, au temps de la conquête ottomane,
à un petit village situé, en dehors même de son ancienne enceinte,
là où autrefois là mer baignait les deux côtés de l'Heptastade.
Pendant ce temps, la ville proprement dite était transformée en
désert, où ne régnait plus, avec la désolation, que le silence des
tombeaux et des ruines.

CHAPITRE XX

La véritable ville des morts d'autrefois, le faubourg Nécropolis (τὸ προάστιον ἡ Νεκρόπολις), qui s'étendait au dehors des murs de l'ancienne enceinte macédonienne, à l'ouest, entre le lac Maréotis et la mer, avait été peu à peu abandonnée jusqu'à l'époque de la persécution de Dioclétien. Alors elle se peupla de nouveau avec les corps des martyrs, et continua d'être la nécropole chrétienne jusqu'à la conquête des Arabes, qui lui ont conservé son nom dans celui de Qabbàry, *lieu d'enterrement*, ou ville de tombeaux.

Des hypogées qui donnent sur le rivage de la mer, une partie, est usée par les courants intérieurs de la rade ; une autre partie, plus en dedans, et creusée vers le village de Méks, est écroulée et comblée, ou a été détruite par la Compagnie anglaise des jetées et docks du port d'Alexandrie, pour en extraire les matériaux nécessaires à ses travaux hydrauliques.

C'est de cette Nécropolis que parle Strabon quand il dit : « Au delà du canal, il ne reste plus qu'une petite portion de la ville ; on voit ensuite le faubourg Nécropolis, où sont un grand nombre de jardins, de tombeaux, et des maisons où tout est disposé pour l'embaumement des corps (πρὸς τὰς ταριχείας τῶν νεκρῶν). »

Les fouilles qu'on fait de nos jours dans cet endroit, ne sont point exécutées à un point de vue archéologique ; l'objet de ces fouilles est, comme ailleurs, l'exploitation des matériaux de construction, sous la surveillance de marchands de pierres et de chaufourniers, qui prennent peu d'intérêt aux restes vénérables de

URNES FUNÉRAIRES ET STATUETTE DU DIEU SOMMEIL (HYPNOS) RECUEILLIES A QABBARY

STATUETTES EN TERRE CUITE COLORIÉES, RECUEILLIES A QABBARY

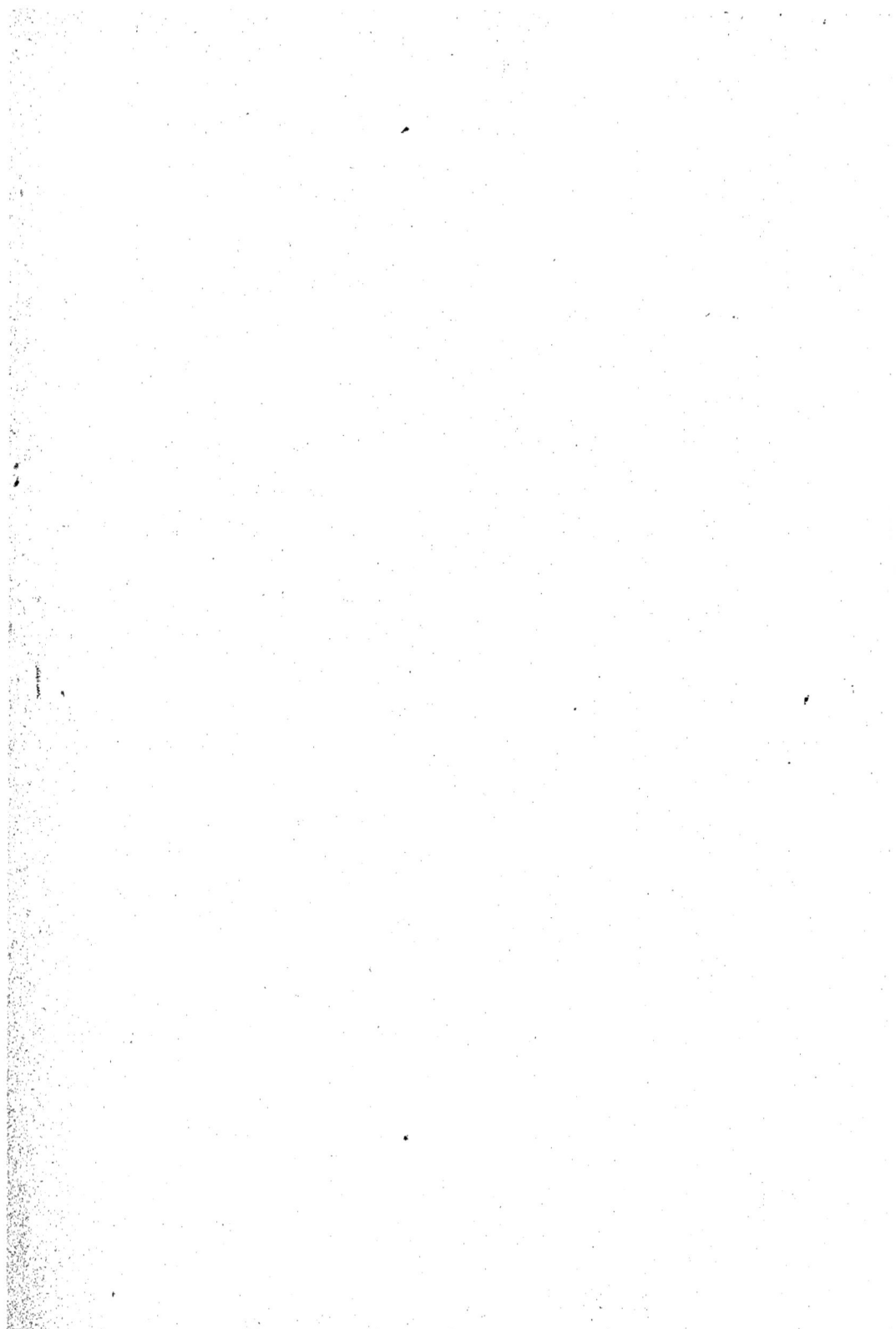

l'antiquité, et qui jugent de la valeur intrinsèque des anciens
monuments par leur contenu en matériaux solides, pesés au
quintal ou mesurés au mètre cube.

On trouve ici des vases peints de la meilleure époque ptolémaïque, des urnes funéraires et de jolies statuettes en terre cuite
coloriées, d'un travail soigné et d'un style très fin, ressemblant
beaucoup à des figurines de Tanagre et d'Éphèse ; de jeunes
femmes debout ou assises, ayant des chevelures disposées avec
un art inimitable, habillées en tunique talaire et en himation
jeté sur le dos et les épaules; des bustes estampés et di-
vers masques réduits ; des lampes ornées de figures variées;
des statuettes de Bacchus avec une grappe de raisin, et du
dieu du sommeil, Hypnos, ayant à côté de lui une tige arbo-
rescente de pavot, et, enfin, différentes divinités grecques et
égyptiennes. Tous ces objets se trouvent dans des hypogées du
temps des Ptolémées, très peu dans ceux du temps des premiers
empereurs. En outre, l'on trouve ici des hypogées des iie et
iiie siècles de notre ère, et des stèles indiquant des sépultures
païennes et chrétiennes, avec inscriptions en vers médiocres.

CHAPITRE XXI

Au nord-ouest de Qabbàry, du côté de la mer, on trouva, au mois d'août 1876, une chapelle chrétienne creusée dans le roc, qui, à en juger par la forme des lettres des inscriptions, devait être du IVe siècle.

Cette chapelle n'avait qu'une seule pièce carrée et voûtée, creusée dans le roc. Elle mesurait 3^m,24 de longueur, autant de largeur, et 4^m,46 de hauteur. En entrant, on voyait au milieu de la chambre un autel, en marbre bleuâtre, de forme circulaire à

la base, et découpé, à sa partie supérieure, en dentelures inégales : il servait, à ce qu'il paraît, chez les anciens chrétiens, à déposer les pains eucharistiques offerts par les fidèles (καταρχαί ou εὐλογίαι) pour leurs agapes et leurs repas funèbres. L'autel était haut de 0^m,89 et son diamètre à la base était de 0^m,73.

La paroi à main gauche du visiteur était lisse et intacte ; mais sur la paroi à main droite était peint un écusson énorme en profil, couleur verdâtre, dont le quartier supérieur portait les sigles **XP** et **XT**, c'est-à-dire Χριστοῦ Χάριτι, par la grâce de Christ, et le quartier inférieur trois branches d'olivier. A côté de l'écusson se voyait une grande croix grêle et pattée, entre les bras de laquelle étaient inscrites quatre lettres : **a**, **Γ**, **u** et **Φ**, dont le sens m'é-

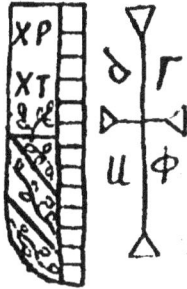

chappe et dont je laisse à d'autres l'explication. Au bas de la paroi se trouvait creusé dans la profondeur du roc un seul loculus ou couchette mortuaire, ouvert, avec une inscription au-dessus écrite en noir : ληρατος, littéralement, *pas encore acheté*, c'est-à-dire, *à vendre*[1].

La paroi, au fond et en face du visiteur, était creusée en abside (κόγχη) flanquée de deux pilastres en plâtre colorié, avec des chapiteaux d'ordre égyptien, ornés d'un faisceau de serpents *uraeus* au lieu d'autres ornements ; la partie inférieure de l'abside formait un hémicycle peint et représentant, en son milieu, un bucrâne et deux festons de fleurs et fruits suspendus de chaque côté. Sur le fronton de l'abside, on lisait **XC. IHC. Θ. U. CΩTHP//////** (Χριστὸς Ἰησοῦς Θεοῦ υἱὸς σωτήρ).

Les deux chapiteaux des pilastres latéraux servaient de base à deux branches énormes de feuillage à feuilles coloriées en vert

---

1. D'après un grand nombre d'inscriptions funéraires chrétiennes mentionnées par Muratori, de Rossi et le P. Marchi, il est constant que, dès le commencement du ive siècle, les *fossores* chargés du soin de la sépulture dans les catacombes, vendaient à des personnes aisées et de leur vivant, les *loculi* destinés à recevoir un jour leurs restes mortels et ceux des leurs. En voici, entre autres, un exemple : « Comparavi Saturninus a Justo locum bisomum aur solidos duo, in lumiuare majore », etc. P. Marchi, p. 165.

et en rouge alternativement. Les branches se pliaient à leur sommet l'une contre l'autre pour former un arc ou une couronne, et à leur point de rapprochement se trouvait une croix grêle et ensiforme noire, touchant presque la voûte de la chambre. Au milieu

lieu de la couronne et comme encadrée par les deux branches ascendantes, était peinte, en rouge, une grande et large croix équilatérale et pattée de forme élégante, accostée, à sa partie inférieure, de deux autres petites croix noires au milieu de symboles de la sainte Eucharistie, c'est-à-dire deux poissons, trois pains, dont un incisé en croix (*panes decussati*) et un bras humain levé au ciel en acte d'adoration.

Au voisinage de cette crypte et à fleur de terre, on a découvert une tablette portant cette inscription : Κυριε μνηθη της κοιμησεως Θεοδοτης και αναπαυσεως μ. λ. Αμμωνις, et en bas **A ⳨ ꞷ**, l'alpha et l'oméga avec le monogramme de Christ au milieu. L'écriture était de l'époque de Gordien le jeune, du milieu du IIIe siècle.

C'est au nord-ouest de Qabbàry, du côté de la mer, qu'on doit chercher l'emplacement d'une ancienne église, bàtie par saint

Pierre, évêque et martyr, pendant la persécution, sous le règne de Dioclétien.

A cette époque, les cimetières des martyrs étaient situés à l'ouest de la ville, et faisaient partie du faubourg de la nécropole de l'ouest. Suivant les actes du martyre de saint Pierre d'Alexandrie, il subit le supplice dans la vallée, près des tombeaux (*in vallem juxta sepulcra*) de l'autre nécropole, à l'est de la ville, entre les oppida d'Éleusis et de Nicopolis. Cependant les fidèles « mirent son corps dans une embarcation, et, tournant l'île de Pharos et sa pointe occidentale appelée Λευκάδος πέτρα[1], ils arrivèrent à l'église de la très sainte Mère-de-Dieu et toujours vierge Marie que le saint avait construite *à l'ouest, à un certain faubourg, et à côté du cimetière des martyrs*. Ensuite ils ensevelirent les saintes reliques dans le cimetière construit naguère par lui[2]. »

1. Levcados [scil. petra], *Pierre noire* et *Black rocks* dans les cartes hydrographiques des ports d'Alexandrie. C'est la pointe de roche à l'ouest de l'île de Pharos, en avant du nouveau phare de Ras-et-Tin de nos jours. Elle est appelée ainsi par antonomase, comme l'île de Levcade en Grèce, aujourd'hui Santa-Maura.

2. «...Videntes quae acciderant, nam secus mare erant, paraverunt scapham, subitoque arripientes sanctas reliquias, imposuerunt naviculae, et ascendentes retro Pharum per locum cui Levcados vocabulum est, venerunt in ecclesiam beatissimae Dei-genitricis semperque virginis Mariae quam ipse [episcopus Petrus] ob martyrum coemeteria *ad occidentalem partem in quodam proastio* construxerat... Deinde sepelierunt reliquias in coemeterio quod dudum ab eo fuerat constructum. » S. Petri Alex. episc. et martyr. acta. (Mai, *Spicil. Rom.*, III, 673.)

CHAPITRE XXII

NÉCROPOLE DE L'EST, OU D'ÉLEUSIS-SUR-MER

Et maintenant encore quelques mots sur l'autre Nécropolis située à l'extrémité opposé de l'ancienne ville d'Alexandrie, à l'est, sur les bords de la mer, depuis les murs d'enceinte à l'est du cap Lochias et du quartier des Juifs jusqu'au στρατόπεδον ou camp romain de l'oppidum de Nicopolis.

Toute la bande étroite de terrain élevé, situé entre le rivage de la mer et les terres basses de l'ancien faubourg d'Éleusis jusqu'à Nicopolis, est criblée d'hypogées et d'autres sépultures, juives, païennes et chrétiennes, appartenant à tous les temps, depuis l'époque macédonienne et romaine, jusqu'à l'époque byzantine.

C'était le lieu où l'on enterrait les morts des quartiers voisins, comme celui des juifs qui était tout près, puis les étrangers civils ou militaires au service des Ptolémées, et enfin, sous les empereurs romains et byzantins, les habitants païens et chrétiens des *oppida* d'Éleusis et de Nicopolis.

Dans un passage de l'ouvrage de Ptolémée Évergète, rapporté par Athénée (xiii, 37), il est dit que le grand tombeau de Stratonice, maîtresse de Ptolémée Philadelphe, se voyait sur les bords de la mer, près d'Éleusis, ἐπὶ τῇ πρὸς Ἐλευσῖνι θαλάσσῃ. C'est quelque part par là que devait être la sépulture de la tête de Pompée et l'édicule, ἡρῷον, érigé par Jules César en son honneur, à l'est de la ville. Ce monument fut détruit par les Juifs poursuivis sous le règne de Trajan, après qu'ils s'y furent barricadés contre leurs ennemis. (Appian., *Bel. civ.*, ii, 90. — Joseph, *Bel. jud.*, ii, 18, 7.)

Le grand courant maritime de l'ouest à l'est, qui règne sur toute la côte de la mer égyptienne, a déjà détruit, en usant le rivage, une grande partie des caveaux funéraires creusés dans les rocs qui dominent la mer ; d'autre part depuis un demi-siècle le sol de cette nécropole n'a cessé d'être bouleversé dans toutes les directions par les fouilles des marchands de pierre et des chaufourniers.

Les chroniqueurs ecclésiastiques, en parlant de la vallée qui se trouve entre la nécropole de l'est et l'*oppidum* d'Éleusis, l'appellent *vallem juxta sepulcra*.

Sous les monticules isolés du faubourg d'Éleusis proprement dite, situé près du canal Canopique (Strab., xvii, 800), et appelé aujourd'hui Khàdrah ; au nord de cette localité et en face du nouveau lac qui couvre une partie de la vallée jadis existant entre Éleusis et Nicopolis, on a mis au jour, en 1883 et 1884, des hypogées anciens du temps des Ptolémées et creusés dans le roc. Qu'on se figure un dédale de chambres souterraines, avec des niches contenant des urnes funéraires et des objets d'art, parmi lesquels un grand nombre de statuettes en terres cuites coloriées, de figurines de petits garçons et de fillettes, d'un air gai et mutin ; de statuettes de jeunes femmes pleines d'expression, aux mouvements souples et aux attitudes gracieuses ; tel était le spectacle qu'offraient les catacombes nouvellement découvertes.

La plupart des urnes y trouvées contenaient les cendres de personnes de distinction, θεωροί, ἀρχιθέωροι ou πρεσβευταί, envoyés en mission sacrée par différentes villes de la Grèce et des îles, pour prendre part aux fêtes et processions des Thesmophoria qu'on y célébrait à Éleusis, et morts pendant qu'ils accomplissaient leur mission.

Sous les monticules qui s'élèvent sur les bords de la mer, on a mis au jour des sépultures païennes, juives et chrétiennes, et on a découvert de beaux sarcophages en marbre, grecs et romains.

C'est là qu'on trouva, l'année dernière (1885), un hypogée ressemblant tout à fait aux cryptes communément appelées *trésors*, θησαυροί, comme celles d'Orchomène et de Mycène en Grèce. La paroi s'élevait circulairement en voûte ellipsoïde, et se terminait à une espèce de *luminare* qui, autrefois, communiquait avec le dehors. Cette paroi circulaire était percée tout autour d'une centaine de niches sur cinq rangs superposés, et contenait des urnes funéraires de l'époque de Ptolémée IV Philopator. Les urnes, d'après les inscriptions écrites sur leurs panses, renfermaient les cendres des officiers grecs et galates commandant les troupes des mercenaires au service du roi.

Dans un autre hypogée d'une famille chrétienne, découvert en 1871 dans cette même nécropole de l'est, on a trouvé la stèle décrite par moi dans l'*Annuaire d'Athènes* de l'an 1872, et dans le *Bulletin de l'Institut égyptien* de 1873 (p. 112-116). D'après cette stèle funéraire, le corps déposé dans un des *loca* de l'hypogée en question appartenait à la femme égyptienne Zonéïne, τῆς εὐσεβεστάτης καὶ φιλεντόλου, *piissimæ et Christi mandata servantis*, qui, après avoir vécu soixante-dix-sept ans comme une sainte, avait été déposée là le 23 Phaménoth, l'année qui suivit le consulat de Bassus et de Philippe, c'est-à-dire le 19 mars 409 de notre ère.

Les sépultures juives sont creusées dans le roc de la même manière que les autres caveaux funéraires. Elles se composent d'une ou de plusieurs chambres, et elles n'offrent rien de particulier qui puisse les distinguer des hypogées chrétiens et païens, si ce n'est le manque absolu d'ornementation et de peintures. Quelquefois les parois sont percées de baies ou couchettes, *kouklin*, qui s'enfoncent, comme les loculi chrétiens, dans le roc perpendiculairement à l'axe de la chambre ; d'autres fois la partie inférieure de l'une ou de l'autre paroi se relève en banquette ou lit mortuaire couvert d'une voûte curviligne, le tout ressemblant beaucoup aux arcosolia des sépultures chrétiennes.

Dans un de ces hypogées, les parois, couvertes d'un enduit de chaux et de plâtre, étaient simplement blanchies, et portaient des inscriptions en lettres grecques, écrites avec de l'ocre rouge, indiquant le nom et l'âge du défunt, comme par exemple : ΦΙΛѠΝ ΙΠΠ[ΟΑΥΤΟΥ] ΚΝΕΜ... 𐌋𐌀 ou ΙѠCΗΠ[ΟC] ΚΝΕΜ Ϡ(Ν)΄.

Le mot KNEM se trouvait toujours devant le nombre d'années qu'avait vécues l'individu déposé dans la sépulture : peut-être une abréviation de Καινῷ ἐτέθη Μνημείῳ, comme dans l'évangile de saint Mathieu (xxvii, 60) « Ἔθηκεν ἐν τῷ καινῷ αὐτοῦ μνημείῳ », le mit dans son sépulcre, qui n'avait point encore servi[1]. M. Zuntz, de Berlin (*Bull. de l'Inst. égypt.*, n° 14, séance du 22 octobre 1875), croit trouver dans cette abréviation KNEM, les mots : Καινοι Νῦν Ἐν Μακάραις, analogues à Isaïe, lii, 2, et semblables au grand nombre d'euphémismes pareils dans les sépultures judaïques.

On trouve dans ces caveaux funéraires des Juifs, de petites fioles, la plupart en verre, et de petites lampes en terre cuite, qui sont aussi très nombreuses ; elles portent comme ornement, le chandelier à sept branches de l'Ancien Testament, ou un cep de vigne avec des raisins, ou une ou deux branches de palme, et quelquefois un palmier entier.

Mais les objets les plus intéressants qu'on trouve quelquefois dans les sépultures souterraines des Juifs de l'ancienne Alexandrie, sont les *ossuaires*, ἐποβήκαι, ou petits coffrets rectangulaires, munis de couvercles prismatiques ou semicylindriques, de la même forme et de la même grandeur que ceux recueillis aux environs de Jérusalem, et décrits par M. Clermont-Ganneau dans la *Revue archéologique* (juin 1873).

Ces coffrets ou cassettes, faits en pierre calcaire tendre, étaient placés dans de petites niches creusées à cet effet dans les parois, ou déposés par terre dans quelque coin de la chambre mortuaire, et ils contenaient les ossements des cadavres, qui, lorsqu'ils étaient réduits à l'état de squelette, dans leur couchette (*koukîm*) ou sur leur banquette mortuaire, au-dessous de l'arcosolium, étaient recueillis, au bout de quelque temps, pour faire place aux nouveaux morts de la famille à laquelle appartenait la sépulture.

1. Cf. saint Luc, xxiii, 53 : « ... le mit dans un sépulcre où personne n'avait encore été mis » ; et saint Jean, xix, 41 : « ... un sépulcre tout neuf, où personne n'avait encore été mis ».

Un coffret de ce genre, trouvé dans une des sépultures juives en question, a été déposé, en 1872, à l'Institut égyptien ; il était de 58 centimètres de longueur sur 23 de largeur et 40 de hauteur, y compris le couvercle. L'espace réservé dans cette cassette était calculé sur la dimension des os qu'elle devait contenir et qui étaient détachés et superposés : la longueur sur celle du fémur, la largeur sur celle du crâne, qui était placé au-dessus des autres os, et la hauteur, un peu supérieure à la largeur. En fait de décor extérieur, il n'y avait qu'une face latérale de la cassette et de son couvercle, qui fût ornementée de rosaces géométriques, tracées au compas, entourées de cercles et enca-drées dans des lignes cannelées ; toutes les autres faces étaient nues, et cela s'explique, d'après Clermont-Ganneau, par la cir-constance que les ossuaires, étant placés dans leurs niches ou à terre et adossés à la paroi de la chambre, ne présentaient qu'une seule face qui fût exposée aux regards des visiteurs, et qui dût être embellie par quelque ornement.

CHAPITRE XXIII

CIMETIÈRE MILITAIRE ROMAIN

Après la nécropole du nord-est, et en deçà du στρατόπεδον ou camp romain de Nicopolis (camp des Césars, comme on l'appelait avant sa destruction), entre son mur d'ouest et le cimetière arabe actuel de Sidi-Gàber, s'étendait le cimetière militaire romain, où étaient ensevelis les soldats et les officiers des légions qui autrefois y tenaient garnison.

Aujourd'hui le cimetière militaire romain n'existe plus, ayant été détruit d'un bout à l'autre, pour faire place aux nouveaux palais et aux casernes qu'on voit dans cet endroit, et pour extraire les matériaux nécessaires à ces nouvelles constructions. On a trouvé au même endroit différentes tablettes, ou *tituli*, revêtues d'inscriptions latines, indiquant les noms, l'origine, la qualité, l'âge et les états de service des légionnaires, déposés dans ces hypogées, et dont on a découvert les squelettes entiers, ou les cendres enfermées dans des urnes de terre cuite, de marbre ou de cuivre.

Des quelques inscriptions dont j'ai eu connaissance et que j'ai publiées dans le *Bulletin de l'Institut égyptien*, en 1873, et dans l'Ἀθήναιον d'Athènes, en 1874, il résulte que les légions stationnées ici étaient : la IIe *Trajana fortis Germanica*, la IIIe *Cyrenaïca*, la XXIIe *Dejotariana*, ainsi que deux régiments de cavalerie, *alæ*, composés, l'un de vétérans Gaulois, et l'autre de Thraces et de Maures : *Alarum Veteranæ Gallicæ* et *I Thracum*

Mauretanæ. Ce dernier régiment était appelé encore tout simplement : *ala equitum Maurorum.*

Le petit oratoire musulman de Sidi-Gàber qui se trouve à côté, est bâti sur les ruines d'un temple ancien, dont on voit encore les fondations et plusieurs colonnes en granit rouge, renversées et brisées.

Les hauteurs au delà du camp des Césars contiennent des sépultures de l'oppidum de Nicopolis, appelé aujourd'hui *Ramleh*, c'est-à-dire *terre de sable*, qui, déjà du temps de Strabon, était aussi peuplée qu'une ville. César-Auguste embellit ce lieu, parce que ce fut là qu'il vainquit ceux qui s'avançaient avec Antoine contre lui, et c'est pour cette raison qu'il le nomma Nicopolis, *la ville de la Victoire*, au lieu de Juliopolis, comme ce village s'appelait avant, et même après, jusqu'au temps de Vespasien [1].

Tout le rivage de Ramleh n'est donc qu'une nécropole, en partie usée par les courants et les flots de la mer. De plusieurs hypogées creusés dans le roc au niveau de la mer, il ne reste que le pavé, qui se trouve à fleur d'eau; ces restes, auxquels on donne à tort le nom de bains, servent de fait à cet usage, de nos jours, pour les habitants du village, tandis que d'autres chambres funéraires, placées plus haut, sont en ruines; les parois en sont à moitié détachées et précipitées dans la mer qui baigne le pied du rocher, et à moitié ouvertes et exposées aux tempêtes et aux vagues qui s'y brisent. Ici encore les décombres qui couvrent le sol primitif du rocher sont pleins d'éclats de poteries, et parmi les anses d'amphores trouvées de ce côté,

---

1. « Duo milia passuum ab Alexandria abest oppidum *Juliopolis*; inde navigant Nilo Coptum. » Pline, *Hist. nat.*, VI, 23.

n'en manque de marquées aux timbres des maîtres potiers et
des magistrats éponymes de Rhodes et de Cnide.

C'est ici qu'on a découvert et déblayé, pour l'abandonner
ensuite à une destruction complète, le petit édicule dont j'ai
fait mention au commencement de cette étude. L'édicule, de
onze mètres environ de longueur, sur sept mètres et demi de
largeur, ciselé tout entier sur le rocher tendre de la côte, qui
n'est que du sable agrégé, s'appuyait sur quatre piliers placés
aux angles de l'édifice, et sur douze colonnes intermédiaires,
d'ordre dorique, c'est-à-dire quatre de chacun des grands côtés
au nord et au sud, et deux de chacun des petits côtés, à l'est et à
l'ouest. Les piliers, carrés en dehors, imitaient en dedans, dans
l'alignement des colonnes, des fûts de même ordre et identi-
quement semblables, à moitié engagés.

L'entrée de l'édicule était du côté ouest, et au milieu du rec-
tangle s'élevait un petit autel quadrangulaire, dont on se servait
pour y déposer les offrandes. Tout autour et devant l'entrée il y
avait des puits qui conduisaient à des sépultures souterraines.

Colonna-Cecaldi s'était trop pressé de déclarer que l'édicule
en question était le sacellum de Vénus Arsinoë, et de donner le
nom de cap Zéphyrium au rocher auquel était adossé ce petit
monument funéraire aujourd'hui disparu.

Le sanctuaire de Vénus Arsinoë était bien autrement splendide,
beaucoup plus grand et plus somptueux, car il avait été construit avec une magnificence royale par Callicrate, grand amiral
de la flotte sous Ptolémée Philadelphe, en l'honneur de la sœur
et femme du roi, la reine Arsinoë, après sa mort et son apothéose ;
et le nom de cap Zéphyrium était donné au cap Aboukir de nos
jours, le seul cap par excellence qui se trouve à l'ouest, ἐπὶ
ζέφυρον, sur toute la côte d'Égypte.

Strabon est clair et précis sur ce point quand il dit : « Si l'on
sort (d'Alexandrie) par la porte Canopique, on trouve à droite le
canal qui se dirige vers Canope en bordant le lac... Après avoir
passé le canal qui conduit à Schédia, on navigue sur le reste du
canal jusqu'à la ville de Canope, dans une direction parallèle à

cette portion de la côte, qui, de Pharos, aboutit à la bouche
Canopique ; l'intervalle du canal à la mer forme une bande étroite,
où l'on trouve, *après Nicopolis*, la petite Taposiris et le Zéphyrium, cap sur lequel s'élève un petit temple de Vénus Arsinoë.
On dit qu'autrefois il existait là une ville de Thonis. » (Strab.
XVIII, p. 800.) Ainsi le cap Zéphyrium venait après Nicopolis, et
de plus, après la petite Taposiris, aujourd'hui appelé Mandàrah ;
par conséquent il était à la dernière station avant d'arriver à
Canope, qui, en suivant la route de terre, était éloignée
d'Alexandrie de 120 stades, soit d'environ vingt kilomètres.

Le cap Zéphyrium, redouté par les marins de tous les temps,
était un point dangereux pour les navires venant de la côte de
Syrie et voulant entrer dans le port d'Alexandrie. Les nau-
frages y étaient très fréquents. Les marins en danger priaient
Vénus Arsinoë, maîtresse divine de ces parages, pour l'apaisement
des tempêtes et pour leur propre salut. A propos de ce sanctuaire,
le poète Posidippe écrivit deux épigrammes, dont l'un se trouve
cité par Athénée [1] et l'autre se lit sur un papyrus publié par
H. Weil [2].

1. Athénée, VII, 318. ἔγραψε δὲ καὶ Ποσείδιππος εἰς τὴν ἐν τῷ Ζεφυρίῳ τιμω-
μένην ταύτην Ἀφροδίτην τό δὲ τὸ ἐπίγραμμα.

> Τοῦτο καὶ ἐν πόντῳ καὶ ἐπὶ χθονὶ τῆς Φιλαδέλφου
> Κύπριδος ἱλάσκεσθ' ἱερὸν Ἀρσινόης,
> ἣν ἄρα κοιρανέουσαν ἐπὶ ζεφυρίτιδος ἀκτῆς
> σῶστρον ὁ ναύαρχος θήκατο Καλλικράτης.
> Ἡ δὲ καὶ εὐπλοίην δώσει, καὶ χείματι μέσσῳ
> τὸ πλατὺ λισσομένοις ἐκλιπανεῖ πέλαγος.

« Rendez-vous propice et sur mer et sur terre
    ce temple de Vénus Arsinoë, l'épouse de Philadelphe,
Dont le navarque Callicrate a consacré la souveraineté
    sur le cap de Zéphyrion pour le salut des navires en danger.
Elle vous accordera un bon voyage, et au milieu de la tempête,
    elle aplanira, si vous l'invoquez, la grande mer. »

2. Papyrus Didot, publié par H. Weil (Monuments grecs, n° 8, 1879, p. 31.

> Ποσειδίππου ἐπιγράμματα. Ἄλλο.
> Μέσσον ἐγὼ Φαρίης ἀκτῆς στόματός τε Κανώπου
> ἐν περιφαινομένῳ κύματι χῶρον ἔχω

τὴς δὲ κολυββήνου Λιβύης ἀνεμώδεα χηλὴν,
τήν ἀνατεινομένην εἰς Ἰταλὸν Ζέφυρον,
ἔνθα με Καλλικράτης ἱδρύσατο, καὶ βασιλίσσης
ἱερὸν Ἀρσινόης Κύπριδος ὠνόμασιν.
Ἀλλ' ἐπὶ τὴν Ζεφυρῖτιν ἀκουσομένην Ἀφροδίτην
Ἑλλήνων ἁγναὶ βαίνετε θυγατέρες,
οἵ θ' ἁλὸς ἐργάται ἄνδρες· ὁ γὰρ ναύαρχος ἔτευξεν
τῶδ' ἱερὸν παντὸς κύματος εὐλίμενον. »

« Entre la falaise de Pharos et l'embouchure de Canope
    j'occupe, sur un cap qui s'avance au milieu des flots,
De cette Lybie féconde en brebis, la rive battue par les vents,
    qui se déploie et s'ouvre au zéphyr d'Italie.
En ce lieu Callicrate me consacra et me proclama
    sanctuaire de la reine Arsinoë Cypris.
Rendez hommage à Vénus la Zéphyrite qui exauce vos vœux;
    venez chastes filles des Hellènes,
Et vous aussi, travailleurs de la mer : car le navarque
    établit ce sanctuaire comme refuge contre toutes les vagues.

APPENDICE I

INSCRIPTIONS GRECQUES ET LATINES

RECUEILLIES

DANS LA VILLE D'ALEXANDRIE ET AUX ENVIRONS

C'est en 1875 et en 1878 que je publiai dans l''Αθήναιον et dans le *Bulletin de correspondance Hellénique de l'École d'Athènes*, les dernières découvertes, en matière d'inscriptions grecques et latines, qui s'étaient produites, jusqu'à cette époque, à Alexandrie.

Depuis lors, grâce à des fouilles incessantes faites, soit pour creuser les fondations de nouvelles bâtisses, soit pour extraire des matériaux de construction, bon nombre d'inscriptions ont été trouvées sur différents points de la ville et de ses environs. Les unes étaient gravées sur des fragments d'art antique, d'autres gravées ou peintes sur des stèles, d'autres, enfin, simplement peintes sur des urnes funéraires.

J'ai tenu à les enregistrer consciencieusement, afin de les soustraire à l'oubli auquel elles étaient vouées entre les mains de marchands d'antiquités ou de collectionneurs de curiosités, la plupart ignorants de la valeur archéologique de ces reliques.

L'ordre que je suivrai dans la description de ces monuments épigraphiques sera celui des lieux de trouvaille, afin d'en déduire quelques données topographiques. Je commencerai par la nécropole macédonienne de l'ouest, pour arriver, en passant par la ville, à la nécropole de l'est, et à celles des *oppida* d'Éleusis et de Nicopolis. Je toucherai ensuite à *Taposiris parva* et au *Zephyrium*. Autant que faire se pourra, je tiendrai compte de l'époque des inscriptions, pour établir quelques dates historiques.

I. *Nécropole de l'ouest (Meks et Qabbàry).*

1. Stèle en marbre blanc. Hauteur, 0ᵐ,24 ; largeur, 0ᵐ,17 ; trouvée à Meks, à l'extrémité sud-ouest de la nécropole. Lettres gravées sur quatre lignes, de l'époque des premiers Ptolémées.

ΙΑΜΜΩΝΙΑ
ΔΩΡΙΩΝΟΣ
ΑΣΤΗ
ΧΑΙΡΕ

Ἀμμωνία Δωρίωνος ἀστὴ χαῖρε.

Remarquons ici l'expression ἀστὴ, *habitant la ville,* l'ἄστυ, employé par opposition à προάττειον, faubourg, et à χώρα, campagne.

2. Stèle en calcaire. Hauteur, 0ᵐ,32 ; largeur, 0ᵐ,15 ; trouvée à Meks. Lettres de l'époque d'Antonin le Pieux, gravées sur quinze lignes :

ΓΡΑΜΜΑΤΑΚΑΙCΤΗΛΗΝ	Γράμματα καὶ στήλην
ΚΕΧΑΡΑΓΜΕΝΑCΗCΑΡΕΤΗCΙ	κεχαραγμένα σῆς ἀρετῆς·
ΗCΕΛΙΠΕCΜΑΚΑΡΩΝ	ἧς ἔλιπες μακάρων
ΙCΧΘΟΝΑΝ ΕΡΧΟΜΕΝΗ	ἰς χθόν' ἀνερχομένη.
ΑΛΛΕΥΨΥΧΙCΕΡΑΠΙΑC	ἀλλ' εὐψόχι Σεραπιὰς
ΑΠΟCΩΝΓΕΤΕΚΝΩΝ	ἀπὸ σῶν γε τέκνων
ΩCΕΥΧΟΥΤΕΘΕΙCΑ	ὡς εὔχου τεθεῖσα,
CΕΝΓΑΡΑΝΗΡΠΡΟCΠΕΜΨΕ	σὲν γὰρ ὀνὴρ προέπεμψε
ΚΑΙΑΔΕΛΦΟΙCΟΥCΥΝΟΜΑΙΜΟΙ	καὶ ἀδελφεί σου συνόμαιμοι.
COΙΧΑΡΙΤΑCΔΕΕΧΟΜΕΝ	σοὶ χάριτας δὲ ἔχομεν
ΕΠΕΙΒΙΟΝΗΔΥΝΕΔΙΚΑC	ἐπεὶ βίον ἡδὺν ἔδικας
ΑΛΛΑΓΕCΥΝΤΗΡΕΙΟΝΠΕΠΛΕΧΘΕC	ἀλλ' ἄγε συντήρει ὃν πέπλεχες
CΤΕΦΑΝΟΝ	στέφανον
COΙΔΕΟCΕΙΡΙΔΟCΑΓΝΟΝΥΔΩΡ	σοὶ δὲ Ὀσείριδος ἁγνὸν ὕδωρ
ΕΙCΙCΧΑΡΙCΑΙΤΟϽΙ	Εἶσις χαρίσαιτο.

1   Une stèle et une inscription
    inspirée par ta vertu,
    tel est ce qui nous reste de toi
    partie pour la terre des heureux.

5   Sois contente, Sérapias :

> ainsi que tu le souhaitais
> tu as été ensevelie par les enfants,
> et ton époux et les frères
> ont fait cortège à tes obsèques.
> 10 Nous te sommes reconnaissants;
> car tu nous as rendu la vie douce.
> Allons, garde la couronne
> tressée par les mains,
> et qu'Isis répande sur toi
> 15 l'eau purificatrice d'Osiris.

La forme de l'epsilon dans les mots προέπεμψε et πέπλεχες, et le nom de la défunte, Σεραπιάς, au lieu de Σαραπιάς, trahissent l'influence romaine de cette époque.

Outre les fautes d'orthographe, par iotacisme, qui sont très communes dès l'époque des derniers Ptolémées et des premiers empereurs, le χοίνι pour εἰς χοίνι, εὐψύχι pour εὐψύχει, 'Οσείρεος pour 'Οσίρεος et Εἴσις pour 'Ισις, notez encore le N pléonastique dans εἰν, pour εἰ γὰρ ἀνήρ, et les formes πέπλεχες pour πέπλεχε, et θέλας pour θέλεις.

La dernière invocation, Σὶ δὲ 'Οσείρεος ἀγνὸν ὕδωρ Εἴσις χαρίσατο, nous rappelle l'eau bénite et purificatrice, ὕδωρ ἁγίασμε, ou ὕδωρ καθάρσιον, dont se servaient les chrétiens de l'Église primitive dans leurs maisons, aussi bien que dans les tombeaux, pour la purification du corps et de l'âme.

3. Tablette en calcaire, trouvée à fleur de terre, à l'ouest de Qabbàry, du côté de la mer. Lettres gravées, de l'époque de Gordien le jeune (238-244). Inscription funéraire chrétienne.

KYPIOC MNHCΘIH
THC KOIMHCEOC
ΘEOΔOTHC
KAI ANAΠAYCEWC
MΛAMMWNOC
A ✝ W

Κύριος μνησθῆ τῆς κοιμήσεος Θεοδότης καὶ ἀναπαύσεος. μ. λ. Ἄμμωνος.

A noter la faute d'orthographe μνησθῆ, pour μνησθῆ, et le sigle du Christ, à la fin, avec l'*Alpha* et l'*Oméga* de chaque côté.

Les lettres **MΛ** sont des abréviations des mots μακαρίας λήξεως « *de fin bienheureuse.* »

II. *Ville ancienne.*

4. Stèle en marbre. Hauteur, 0ᵐ,26; largeur, 0ᵐ,17; trouvée à Karmoûz, village arabe, derrière la colonne de Dioclétien, entre celui-ci et le canal Mahmoudich. Figure de jeune homme et lettres gravées à la pointe de l'époque Constantinienne.

ΔΑΚΡΥϹΩΝΕΙϹΟΡΟΩΜΕ	Δάκρυσον εἰσορέων με
ΔΙϹΚΟΡΟΝΕΛΛΑΔϹΥΙΟΝ	Διόσκορον Ἑλλάδος υἱόν.
- ΤΟΝϹΟΦΟΝΕΝΜΟΥϹΑΙϹ-	— τὸν σοφὸν ἐν Μούσαις —
-ΚΑΙΝΕ ΟΝΗΡΑΚΛΕΑ-	—καὶ νέον Ἡρακλέα. —

Pleurez en me voyant, moi
Dioscore, enfant de la Grèce
« Habile à cultiver les Muses, »
« Je fus aussi un autre Hercule. »

5. Stèle en marbre blanc. Hauteur, 0ᵐ,40; largeur, 0ᵐ,28; trouvée pendant le creusement des fondations de la Bourse de Minet-el-Bassal en novembre 1877.

ΕΥ ΨΥΧΙ
ΓΑΛΑΤΙΑΝΕ
L̄ ΚΕ
ΔΟΙϹΟΙ
Ο̇ Ο̇ ϹΕΙΡΙϹ
ΤΟΨΥΧΡΟΝ
ΥΔΩΡ ϐ

Εὐψύχι Γαλατιανέ. L κε. Δοῖ σοι ὁ Ὄσειρις τὸ ψυχρὸν ὕδωρ ϐ.

Les lettres indiquent l'époque d'Antonin le Pieux. Il y a à noter ici plusieurs fautes d'orthographe par iotacisme : εὐψύχη pour εὐψύχει et δοῖ pour δῴη. La phrase δῴη σοι ὁ Ὄσειρις τὸ ψυχρὸν ὕδωρ est l'équivalent de la formule chrétienne de la même époque, « *tibi Deus refrigeret,* » ou « *Deus refrigeret spiritum tuum* », καὶ πότισον ἀπὸ ὕδατος ἀναπαύσεως.

6. Tablette en marbre blanc, trouvée en 1879 dans les hypogées du cimetière chrétien qui fut découvert pendant le creusement des fondations de l'usine à pressage mécanique de coton, derrière la Bourse de Minet-el-Bassal, entre celle-ci et les ruines de l'ancienne église de Théonas, mieux connue sous la dénomination arabe de mosquée aux mille colonnes.

TYBI K̄Ā
ЄΚΟΙΜΗΘΗ
ΑΧΙΛΛΑC

Τυβὶ κα ἐκοιμήθη Ἀχιλλᾶς.

Lettres gravées de l'époque constantinienne.

Achillas n'était autre que le XVIIIe patriarche d'Alexandrie, qui, ordonné prêtre par Théonas, succéda à saint Pierre, évêque et martyr, après avoir été consacré patriarche le 25 juillet 312, septième année du règne de l'empereur Constantin.

Par l'histoire ecclésiastique, nous savons qu'il n'a siégé sur la chaire de Saint-Marc que six mois, et qu'après sa mort il a eu pour successeur son ami et condisciple Alexandre. Or, l'inscription funéraire qui nous occupe dit qu'Achillas mourut, ἐκοιμήθη, le 21 Tybi, c'est-à-dire le 16 janvier ; ce qui nous donne précisément six mois moins quelques jours, à dater de son élévation au siège patriarcal d'Alexandrie.

7. Autre tablette en marbre blanc, trouvée près du même endroit.

ЄΚΟΙΜΗΘΗΟΤΗC S
ΜΑΚΑΡΙΑCΜΝΗ
ΜΗCΙѠCΗΦ S
ΜΗΝΙΦΑΡΜ S
ῙΗ . ΙΝΔ Η̄ . †

Ἐκοιμήθη ὁ τῆς μακαρίας μνήμης Ἰωσὴφ μηνὶ Φαρμ. ιη . Ἰνδ . η̄ . †

L'inscription est de la même époque que la précédente, à en juger par la forme des lettres et surtout par la mention de l'année de l'Indiction, usage introduit pour la première fois sous le règne de l'empereur Constantin le Grand.

8. Stèle en marbre bleuâtre. Hauteur, 0ᵐ,49 ; largeur, 0ᵐ,35 ; provenant de l'intérieur de la ville. Lettres du vɪᵉ siècle.

NIKAHTYXHEY
TOKIOY✝KAI BE
NETωN✝KAI
TOYΓPAΨANTOC

Νίκα ἡ τύχη Εὐτοκίου ✝ καὶ Βενέτων ✝ καὶ τοῦ γράψαντος.

Inscription votive chrétienne, en forme de proskynème, comme il était d'usage chez les païens, invoquant l'aide de la fortune en faveur d'Eutokios et de la faction des Bleus contre la faction des Verts, dans les jeux de l'hippodrome, à Constantinople.

Ce proskynème appartenait évidemment au Τυχεῖον, ou *temple de la Fortune*, mentionné par le Pseudo-Callisthène et qui, d'après Libanius, se trouvait au centre de la ville. C'était ici qu'on plaçait les stèles en bronze contenant les lois urbaines. Cet usage continuait encore sous le règne de Théodose, et se maintint jusqu'aux derniers temps de la domination byzantine en Égypte. On voit par un texte du code Théodosien (XIV, 27), qu'une loi impériale de l'année 396, concernant la ville d'Alexandrie, dut être affichée à l'*Eutychéum*, comme était appelé à cette époque l'ancien Τυχεῖον.

L'historien Théophylacte, originaire d'Égypte, cité par Photius, raconte dans son histoire des événements arrivés sous les règnes successifs de Maurice et de Phocas, qu'un jour (c'était en 602), un certain Calligraphos, passant devant le temple de la Fortune, κατὰ τὸ Τυχεῖον, à Alexandrie, y vit les statues se mettre en mouvement, indiquant par là la révolte militaire et la catastrophe qui eurent lieu ce même jour à Constantinople. Les statues des divinités grecques et égyptiennes du temple de la Fortune, à Alexandrie, prenaient, paraît-il, de même que les habitants, une part active aux événements de Byzance.

9. Piédestal en marbre blanc, trouvé en 1880 pendant le creusement des fondations de l'hôpital grec, devant le couvent de Saint-Sabas, sur le terrain situé entre la synagogue israélite et

le théâtre Zizinia. Hauteur, 1^m,54 ; largeur, en haut et en bas, 0^m,48, au milieu, 0^m,46 ; épaisseur égale à la largeur.

La partie antérieure du piédestal portait, en lettres de l'époque Dioclétienne :

AYP· CABEINIANON

TON KPATICTON
ЕПITωN KAΘOΛOYΛOΓωN
AYP· NEMECIωN
ENAPX· YΠOMNHMATOΓPAΦOC

Αὐρ. Cαβεινιανόν τὸν κράτιστον ἐπὶ τῶν καθ' ὅλου λόγων, Αὐρ. Νεμεσίων ἔναρχ. ὑπομνηματογράφος.

« Aurélius Némésion, ἔναρχος ὑπομνηματογράφος, a érigé cette statue à Aurélius Sabinianus, τὸν κράτιστον ἐπὶ τῶν καθ' ὅλου λόγων ». Strabon dit (*Geogr.*, XVII, 797) que la charge d'ὑπομνηματογράφος était une des quatre de l'administration locale d'Alexandrie instituées jadis par les rois Lagides et ensuite conservées par Auguste. Lucien (*pro merc. cond.* 12) paraît vouloir parler des fonctions de l'hypomnématographe sous les empereurs, quand il dit de quelqu'un qu'il était chargé de diriger les actions judiciaires, de mettre de l'ordre dans les débats, d'enregistrer tout ce qui se disait et se faisait, et ainsi de suite. Sous les Lagides, l'hypomnématographe était chef des audiences du roi, chargé de la conservation et de la notification des actes royaux, celui dont émanaient les ὑπομνήματα publics, cités dans les papyrus et les auteurs anciens.

Le mot ἔναρχος veut dire que Némésion était hypomnémato-graphe en *charge effective* ; d'où l'on peut inférer qu'on gardait à vie le titre honorifique de cette fonction lorsqu'on l'avait une fois exercée.

Mais qu'était donc cet Aurélius Sabinianus à qui Némésion érigea sa statue? Dans tous les cas, un haut fonctionnaire, d'un rang plus élevé que lui, κράτιστος ἐπὶ τῶν καθ' ὅλου λόγων. Sur une inscription recueillie par Salt dans les syringes de Thèbes et citée par Letronne (*Mém.*, p. 252), il est parlé de cette charge sous

7

la dénomination suivante : ὁ λαμπρότατος καθολικὸς Αἰγύπτου, *illus-trissimus rationalis Aegypti*, ou *procurator fisci*, fonction qu'on ne trouve pas mentionnée avant les Antonins. Il était *contrôleur général des finances* de l'Égypte, pendant que l'ἰδιολόγος, institué par Auguste, était le *contrôleur du domaine privé* et des héritages non réclamés qui devaient revenir à César : ὁ ἰδιόλογος, ὅς τῶν ἀδεσπότων καὶ τῶν εἰς Καίσαρα πίπτειν ὀφειλόντων ἐξεταστής ἐστι. (Strab., *Geogr.*, XVII, 797.)

Le κράτιστος ἐπὶ τῶν καθ' ὅλου λόγων, *potentissimus rationalis*, ou λαμπρότατος καθολικός, *illustrissimus rationalis*, sous les empereurs, devait être le même que le διοικητής, surintendant des finances, sous les Ptolémées, et le μέγας λογοθέτης τοῦ γενικοῦ, sous les empe-reurs gréco-romains de Constantinople.

10. Piédestal en granit rose, de 0ᵐ,38 de hauteur sur 0ᵐ,59 de largeur et 0ᵐ,50 d'épaisseur. La partie supérieure présentait deux creux où s'engageaient autrefois les pieds d'une statue.

Cette pierre fut trouvée en 1879 derrière la butte Kôm-ed-Dik, entre celle-ci et l'enceinte de la ville arabe, du côté est, avant d'arriver à la porte de Rosette ; elle fut ensuite transportée en 1880, dans l'intérieur de la ville turque, chez un teinturier grec du quartier juif.

Les lettres de l'inscription, gravées sur la face antérieure, étaient de l'époque des derniers Ptolémées.

       ΛΥΚΑΡΙΩΝΑΝΟΥΜΗΝΙΟΥ
       ΑΔΕΛΦΟΝΠΤΟΛΕΜΑΙΟΥ
       ΤΟΥΠΑΤΡΟΣΝΟΥΜΗΝΙΟΥ
       ΤΟΝΣΥΓΓΕΝΗΚΑΙΚΑΤΑΤΕΙΜΗΝ
       ΑΡΧΙΓΕΡΟΝΤΑΚΑΙΔΙΟΙΚΗΤΗΝ
       ΚΑΙΕΞΗΓΗΤΗΝΚΑΙΕΠΙΤΗΣ
       ΠΟΛΕΩΣΚΑΙΓΥΜΝΑΣΙΑΡΧΟΝ
       ΗΠΟΛΙΣ

Λυκαρίωνα Νουμηνίου, ἀδελφὸν Πτολεμαίου τοῦ πατρὸς Νουμηνίου, τὸν συγγενῆ, καὶ κατὰ τειμὴν ἀρχιγέροντα, καὶ διοικητήν, καὶ ἐξηγητήν, καὶ ἐπὶ τῆς πόλεως, καὶ γυμνασίαρχον ἡ πόλις.

La statue fut érigée au nom de la ville, en l'honneur de Lycarion, fils de Nouménios et frère de Ptolémée père d'un autre Nouménios ; ces derniers personnages devaient être de haute importance, à ce qu'il paraît, pour qu'on en fît mention à cette occasion.

Lycarion est qualifié de συγγενὴς καὶ κατὰ τιμὴν ἀρχηγέρων, *parent
du roi et doyen honoraire des anciens officiers de la cour.* Le titre
de συγγενὴς était héréditaire et se donnait aux familles de la plus
haute aristocratie, à la cour des Ptolémées, avec droit de porter
l'agrafe d'or, πόρπην χρυσῆν, signe distinctif de leur rang et de
leurs privilèges.

Ensuite sont énumérées les charges que Lycarion avait
exercées, et dans lesquelles il avait assez bien mérité de la ville
pour que celle-ci lui érigeât un monument.

En premier lieu, il avait été διοικητής, *administrateur des finances
de l'État,* fonction mentionnée par Cicéron et par plusieurs
papyrus de l'époque. Dion Cassius (XLII, 36) appelle l'administrateur des finances de l'Égypte, pendant la guerre de Jules César
à Alexandrie, ὁ τὴν διοίκησιν τῶν τοῦ Πτολεμαίου χρημάτων προστεταγμένος.

Lycarion, en outre, remplit la charge religieuse et en même
temps administrative de ἐξηγητής, *interpres divûm* ou *antistes caere-
moniarum,* comme dit Tacite (*Hist.,* IV, 83) en parlant de l'ἐξηγητής Timothée d'Athènes, le premier appelé à cette fonction par
Ptolémée Soter « *quum Alexandriae recens conditae moenia
templaque et religiones adderet.* » Suidas dit que l'ἐξηγητής était
particulièrement ὁ ἐξηγούμενος τὰ ἱερὰ, et Strabon raconte (*Geogr.,*
XVII, 797) que l'ἐξηγητής portait la pourpre, jouissait d'honneurs
héréditaires et avait la surveillance des institutions d'utilité
publique, ἐξηγητής πορφύραν ἀμπεχόμενος καὶ ἔχων πατρίους τιμὰς καὶ
ἐπιμέλειαν τῶν ἐν τῇ πόλει χρησίμων. Cette dernière charge est indi-
quée dans l'inscription qui nous occupe, par les mots καὶ ἐπὶ τῆς
πόλεως, pour dire ἐπιμελητὴς τῆς πόλεως, *curateur de la ville.*

Finalement, Lycarion était γυμνασίαρχος, *recteur du Gymnase,*
charge d'honneur exercée d'ordinaire par les plus grandes nota-
bilités de la ville et qui le fut même par Marc-Antoine, l'ami de
Cléopâtre. (Dion Cass., L, 5.)

Lycarion, au dire de l'inscription, était frère de Ptolémée père de Nouménios, deux personnages que nous connaissons en partie par Polybe et en partie par les monuments.

Ptolémée, le frère de Lycarion, d'après une inscription publiée par Wescher (*Rev. arch.*, 1866, p. 157), était prêtre éponyme d'Alexandre, sous le règne de Ptolémée Épiphane (205-181 avant notre ère). Nouménios, fils de Ptolémée, par conséquent neveu de Lycarion, portait le titre de « εἰς τῶν φίλων », *un des amis des rois ;* il fut envoyé, jeune encore, en mission à Rome, l'an 168 avant notre ère, par les rois frères, Ptolémée Philométor et Ptolémée Évergète II, pour remercier le Sénat de son intervention en leur faveur, contre leur oncle maternel Antiochus, roi de Syrie (Polyb., XXX, 11.)

D'une autre inscription (*C. I. Gr.*, 4896) nous savons également que Nouménios, cette fois-ci portant le titre plus élevé de συγγενής, *parent du roi,* fut plus tard lui aussi, prêtre éponyme d'Alexandre, sous le règne de Ptolémée Évergète II (146-117 avant notre ère). Cette circonstance prouve que la prêtrise éponyme qui, d'ailleurs ne durait qu'un an, et dont une personne pouvait être investie plusieurs fois, était conférée par droit héréditaire aux membres de certaines familles de haute noblesse, qui jouissaient exclusivement de ce privilège. D'après le Pseudo-Callisthène (III, 33), le testament d'Alexandre, instituant la prêtrise de sa propre divinité, contenait la disposition suivante : βούλομαι δὲ... καὶ ἐπίκτισον κατασταῆναι ἐπιμελητὴν τῆς πόλεως· κληθήσεται δὲ ἱερεὺς Ἀλεξάνδρου· καὶ προσελεύσεται μεγίσταις πόλεως δόξαις, κεκοσμημένος χρυσίῳ στεφάνῳ καὶ πορφυρᾷ· ...λήψεται δὲ ὁ τοιοῦτος τὴν τάξιν ταύτην ὁ διαφέρων ἐν γένει τῶν ἄλλων πάντων, καὶ μενεῖ αὕτη ἡ δωρεὰ αὐτῷ τε καὶ τοῖς ἐκγόνοις.

Relativement à Nouménios le vieux, père de Lycarion et de Ptolémée, je crois que c'est de lui que parle une autre inscription mentionnée par Letronne, où son nom est suivi du titre de συγγενής, et où sa personne est qualifiée de ἐπιστολογράφος, ou *secrétaire des commandements du roi,* τῶν προστταγμάτων τοῦ βασιλέως, comme disent les papyrus de l'époque. Ce devait être, probablement, sous le règne de Ptolémée Philopator (222-205 avant notre ère).

De ces trois générations de hauts fonctionnaires d'ordre civil et religieux appartenant à une même famille illustre du temps des Ptolémées, les frères Lycarion et Ptolémée vécurent et furent investis des plus hautes dignités, à ce qu'il paraît, sous le règne de Ptolémée Épiphane (205-181 avant notre ère).

11. Tablette votive en marbre blanc, trouvée au mois de décembre 1876, pendant le creusement de la tranchée du nouvel embranchement du chemin de fer du gouvernement, à droite de l'emplacement supposé de la porte de Canope, en face de la mosquée de Khâdra. Hauteur, 0ᵐ,20 ; largeur, 0ᵐ,37. Lettres de la belle époque Ptolémaïque.

ΒΑΣΙΛΕΥΣΠΤΟΛΕΜΑΙΟΣ
-- ΒΑΣΙΛΕΩΣΠΤΟΛΕΜΑΙΟΥ --
-- ΚΑΙΒΑΣΙΛΙΣΣΗΣΒΕΡΕΝΙΚΗΣ --
ΘΕΩΝΕΥΕΡΓΕΤΩΝ
-- ΕΥΟΔΙΑΙ --

Βασιλεὺς Πτολεμαῖος - βασιλέως Πτολεμαίου - καὶ βασιλίσσης Βερενίκης - θεῶν εὐεργετῶν, - εὐοδίᾳ. -

Le roi Ptolémée, auteur de cette tablette, est sans contredit Ptolémée IV Philopator, fils du roi Ptolémée III Évergète et de la reine Bérénice.

Ptolémée Évergète a régné 26 ans, de 247 à 222 avant notre ère. Bérénice, sa femme, était sa sœur utérine et en même temps sa cousine du côté du père, étant fille de Magas, roi de Cyrène et frère de Ptolémée II Philadelphe.

Bérénice fut célébrée par les poètes de son époque, Callimaque et Posidippe, comme « quatrième Grâce, charmante et entre ses compagnes, la plus admirée ; sans laquelle les Grâces mêmes ne seraient pas les Grâces ; » ou comme « le portrait si frappant de Vénus, qu'on hésiterait à dire si l'on avait sous les yeux la reine ou la déesse. » L'astronome Conon nomma de son nom la constellation définie et fixée par lui : « La chevelure de Bérénice. »

Ce fut aussi pendant la neuvième année du règne de Ptolé-

mée III et de Bérénice en l'an 238 avant notre ère, que les prêtres
d'Égypte réunis en synode à Canope, décernèrent des honneurs
divins au roi et à la reine, sous le titre de *dieux bienfaisants* ou
Évergètes.

Ptolémée IV Philopator succéda, l'an 222 avant notre ère, à
son père, à la mort duquel il ne serait pas tout à fait étranger,
surtout si l'on en juge par ce qu'il fit immédiatement après. Aussi
lâche que cruel, son premier acte fut d'ordonner la mort de son
frère Magas et de sa mère Bérénice ; ce qui ne l'empêcha pas ensuite de rendre publiquement des honneurs divins à son père et à
sa mère « *dieux bienfaisants,* » et de prendre le surnom de Philopator, *qui aime son père.*

Ptolémée Philopator eut à soutenir contre Antiochus le Grand,
roi de Syrie, une guerre des plus sanglantes. (Polyb., V, 80-86.)
Ce fut au printemps de l'année 217 avant notre ère, que Philopator, accompagné de sa sœur et femme, la reine Arsinoë, quitta
Alexandrie avec son armée, pour marcher contre Antiochus et
lui livrer bataille à Raphia.

L'inscription qui nous occupe doit être rapportée à cette circonstance. En sortant de la ville par la porte de Canope, et après
avoir offert les sacrifices d'usage, « le roi Ptolémée, fils du roi
Ptolémée et de la reine Bérénice, dieux bienfaisants, les prie
pour le succès de ses armes, εὐελίχ. »

III. — *Nécropole de l'est* (*Khâdrah-sur-mer*).

En dehors des murs de l'enceinte macédonienne, au nord-est
de la ville où commence la nécropole de l'est, le terrain s'appelait anciennement ἐπὶ τῇ πρὸς Ἐλευσῖνι θαλάσσῃ, comme on dit
aujourd'hui « Khâdrah du côté de la mer. » C'est là qu'on découvrit, l'année 1885, un hypogée de forme particulière, ressemblant aux chambres souterraines appelées trésors, comme celles
d'Orchomène et de Mycènes en Grèce.

L'hypogée en question était creusé dans le roc tendre. Du sol, la paroi s'élevait circulairement, en voûte ellipsoïde, et la chambre recevait le jour par une ouverture verticale pratiquée à sa partie supérieure (*luminare*). L'ouverture était obstruée par des décombres.

La paroi circulaire et conoïde était percée, tout autour, d'une centaine de niches placées sur cinq rangs parallèlement superposées, véritables *columbaria*, de forme cubique. Quelques-unes étaient ouvertes et vides, d'autres fermées avec une dalle en forme de simple tablette ou de stèle peinte.

Dans les niches fermées se trouvait une seule urne (κάλπη) contenant des cendres humaines et bouchée avec du plâtre. Le nom du défunt et quelquefois le nom aussi de celui qui avait pris soin de la sépulture étaient écrits, ou sur l'urne même ou sur la stèle qui fermait la niche.

Toutes ces urnes cinéraires, en terre cuite, et d'une pâte fine, avaient une anse plate, allongée, attachée au col du vase, et, de plus, deux autres anses latérales, courtes et cylindriques, de chaque côté de la panse. Elles étaient ornées tout autour de bandes et de festons de fleurs et de feuilles, parfois d'animaux fantastiques, peints en noir ou en rouge orangé sur fond grisâtre. Les inscriptions se trouvaient soit entre les bandes supérieures, soit au-dessous de la bande médiane, sur la panse nue et libre de toute ornementation.

Les inscriptions étaient en lettres du temps des Ptolémées. Les dates, quand elles étaient marquées, désignaient l'an du règne du souverain. Le jour et le mois de la mort ou des funérailles de la personne dont les cendres se trouvaient déposées dans l'urne étaient notés d'après le calendrier macédonien.

Les inscriptions indiquaient des personnes étrangères d'ordre militaire, des mercenaires de la Grèce continentale, des Crétois, des Thraces, des Galates ou Gaulois de l'Asie-Mineure, et aussi des membres de leurs familles.

On peut inférer de là que l'hypogée en question était un lieu affecté à la sépulture d'étrangers appartenant à cette partie de l'armée qui tenait garnison à l'est d'Alexandrie, sur le plateau situé au delà du cap Lochias, entre les palais royaux et le quartier juif.

D'après Polybe (V, 82), l'armée sortie d'Alexandrie sous le commandement suprême de Ptolémée IV Philopator, en 217 avant notre ère, pour marcher contre Antiochus le Grand, roi de Syrie, outre les gardes royales et les deux phalanges, macédonienne et égyptienne, contenait encore deux divisions de cavalerie, l'une crétoise et l'autre thessalienne, ainsi que des troupes légères d'Acarnanie, d'Étolie, de Thrace, de Galatie et de Lybie. Le même auteur, en parlant particulièrement des Galates au service des rois d'Égypte et de Syrie, fait observer que partout ils étaient accompagnés, dans leurs expéditions, par leurs femmes et par leurs enfants. Déjà, sous le règne de Ptolémée II Philadelphe, il y avait 4,000 Galates (Pausan., Att., 18) en Égypte.

12. Urne funéraire. Hauteur 0ᵐ,44; peinture noire sur fond ocre jaune claire :

ΔΙΑ ΦΙΛѠΝΟΣ
ΕΤΟΥΣ Ε̄ ΖΑΝΔΙΚΟΥ Ε̄
ΜΕΝΕΚΛΕΟΥΣ ΚΡΗΤΟΣ
ΗΓΕΜΟΝΟΣ.

Διὰ Φίλωνος, ἔτους ε̄, Ξανδικοῦ ε̄, Μενεκλέους Κρητὸς, ἡγεμόνος.

« Par les soins de Philon, l'an V du roi, le V du mois de Xandicos. [Dépouille] de Ménéklès, Crétois, commandant. »

Le Philon qui prit soin des funérailles de Ménéklès est très probablement ce même Philon de Cnosse qui, d'après Polybe (V, 65), était capitaine de cavalerie et commandait, sous les ordres de Cnopias, la nouvelle levée de mille cavaliers qui fit partie de la division de la cavalerie crétoise à la bataille de Raphia.

Dans ce cas, la date des obsèques du commandant Ménéklès le Crétois, c'est-à-dire la cinquième année du roi, serait la cinquième année du règne de Ptolémée IV Philopator, et correspondrait à l'année même de la bataille de Raphia (217, avant notre ère). La mort aurait eu lieu après le retour de l'armée à Alexandrie.

13. Urne funéraire. Hauteur, 0ᵐ,44 ; peinture noire sur fond fauve clair.

ΔΙΑ ΦΙΛΩΝΟC
ΕΤΟΥC Η̄ ΑΥΔΥΝΑΙΟΥ Δ̄
. . . . ΟΝΟΠ . . .
. . . .

Διὰ Φίλωνος. ἔτους η̄, Αὐδυναίου δ̄, ... ονοπ . . . . .

« Par les soins de Philon, l'an VIII du roi, le IV du mois d'Audynaios......... » Le nom du défunt est illisible ; peut-être appartenait-il au même corps de cavalerie crétoise, à en juger par le fait que les obsèques eurent lieu par les soins de Philon, mentionné dans l'inscription précédente. La date correspond à l'année 214 avant notre ère.

14. Urne funéraire. Hauteur, 0ᵐ,44 ; peinture noire sur fond ocre jaune clair, presque gris.

ΔΙΑ ΦΙΛΩΝΟC
ΕΤΟΥC Η̄ ΞΑΝΔΙΚΟΥ Κ̄Ε
ΦΙΛΩΤΟΥ ΙΠΠΑΡΧΟΥ
ΤΩΝ ΔΙ ΑΝΤΑΝΔΡΟΥ//////////
ΤΟΥ //// ΑΙΝΗCΙΔΗΜΟΥ /////////

Διὰ Φίλωνος. ἔτους η̄, Ξανδικοῦ κε. Φιλώτου ἱππάρχου τῶν δι' Ἀντάν-
δρου. . . . . . τοῦ [καὶ] Αἰνησιδήμου.

« Par les soins de Philon, l'an VIII du roi, le XXV du mois de Xandicos. [Dépouille] de Philotas, capitaine des cavaliers [recrutés] par Antandre, autrement dit Énésidème. » La date correspond à l'année 214 avant notre ère.

15. Urne funéraire. Hauteur, 0ᵐ,40, peinture noire sur fond gris sale.

L Ϛ̄Λ ΜΗΝΟC ΔΑΙCΙΟΥ ΕΝΝΑΤΗ
ΑΤΤΑΛΟC ΑΚΑΡΝΑΝ ΜΕ//ΛΑΚ////

L Ϛ̄λ, μηνὸς Δαισίου ἐνάτῃ. Ἄτταλος Ἀκαρνὰν, μελλάκων.

« L'an XXXVI du roi, du mois de Daisios le neuvième jour : Attalos Acarnanien, cadet ». La date L Ϛ̄λ, c'est-à-dire, ἔτους ἕκτου καὶ τριακοστοῦ, correspond à la dernière année du règne de Ptolémée VI Philométor, qui régna trente-cinq ans et un mois, du 7 octobre 181 au 29 septembre 146 avant notre ère. La trente-cinquième année du règne, d'après le comput alexandrin, finissait le 28 août 146; par conséquent, le mois de septembre suivant (Δαίσιος) comptait pour la trente-sixième année. Ce fut dans ce court espace de temps qu'eurent lieu les obsèques d'Attalos, un des cadets, appelés μέλλακες ou μελλάκια, en langue macédonienne. C'étaient de jeunes gentilshommes qui servaient en qualité de pages à la cour du roi (βασιλικοὶ παῖδες, ou παῖδες εἰς θεραπείαν τοῦ βασιλέως) et étaient organisés en compagnies militaires sous Alexandre et les Ptolémées. (Conf. Arrien, IV, 13, 1 ; Letronne, *Recueil*, I, p. 412-415.)

16. Urne funéraire en forme de ὑδρία, avec deux anses. Hauteur, 0ᵐ,40; peinture noire sur fond jaune clair grisâtre.

ΑΡΧΕΔΗΜΟΥ ΠΑΝΤΟΤΟΥ

Ἀρχεδήμου Παντότου.

Lettres tracées à la pointe, sur une bande noire autour du vase. « [Dépouille] d'Archédème, fils de Pantotès. »

17. Urne funéraire. Hauteur 0ᵐ,42; peinture noire sur fond fauve-clair. Inscription en lettres cursives :

ΤΗΛΕΜΑΧΟΥ ΚΡΗΤΙΚΗC////

Τηλεμάχου, Κρητικῆς [ἵππου].

« [Dépouille], de Télémaque, [de la cavalerie] crétoise. »
D'après Polybe (V, 65), l'armée du roi Ptolémée IV Philopator, outre le régiment de la garde à cheval (ἱππεῖς περὶ τὴν αὐλήν) de sept cents hommes, contenait encore trois corps de cavalerie : celui d'Égypte et de Lybie, fort de trois mille hommes, sous le commandement de Polycarpe l'Argien; celui de la Grèce et de la Thessalie, fort de deux mille hommes, sous le commandement d'Échérate le Thessalien et celui de la cavalerie crétoise, fort de

trois milles cavaliers, sous le commandement de Cnopias Alla-
riote, avec Philon de Cnosse en second.

18. Urne funéraire. Hauteur, 0ᵐ,40; peinture noire sur fond
ocre jaune clair.

ΑΓΛΩΚΛΕΟΥΣ ΘΗ////////

'Αγλωκλέους Θη[βαίου].

« [Dépouille] d'Agloclès de Thèbes » en Béotie ; peut-être
soldat de l'infanterie légère, πελτασταί, recrutée en Grèce et commandée par Socrate le Béotien. (Polybe, V, 65.)

19. Urne funéraire. Hauteur 0ᵐ40; peinture noire sur fond
jaune clair, presque gris.

ΑΡΙCΤΑΝΩΡ
ΥCΙΟC

'Αριστάνωρ 'Υαις.

« Aristanor de Hysiac. » De la même contrée que le précédent,
selon toute probabilité, appartenant au même corps d'infanterie
légère commandée par Socrate le Béotien. 'Υαί était une bourgade en Béotie dont l'habitant s'appelait 'Υαιός et 'Υαις.

20. Urne funéraire. Hauteur, 0ᵐ,42 ; peinture noire sur fond
jaune clair, presque gris.

ΣΑΡΑΠΩΝΟC
ΛΙΒΑΝΙCΙΟΥ /////////

Σαράπωνος Λιβανισίου......

« [Dépouille de Sarapon de Libanes... » Σαράπων est une autre
forme de Σαραπίων; Λιβανίσιος est l'habitant de Λίβανα, Libanes,
ville de Syrie.

21. Urne funéraire. Hauteur 0ᵐ,39 ; peinture rose orangé sur
fond rose pâle.

ΔΙΑ ΘΕΥΔΙΚΟΥ
ΦΥΚΙΩΝ ΑΙΤΩΛΟC
ΑΠΟ ΤΩΝ ΛΥCΑΝΔΡ////
ΔΙΑΜΕΝ///Α///

Διὰ Θευδίκου. Φυκίων, Αἰτωλός, ἀπὸ τῶν Λυσάνδρου διαμένων ἀ.....

« Par les soins de Theudique, Phykion Étolien, qui restait [encore]... des troupes de Lysandre. »

22. Urne funéraire. Hauteur 0ᵐ,46 ; peinture rouge-brun clair sur fond rose-pâle grisâtre.

ΠΥΘΟΣΤΡΑΤΟΥ ΑΝΑΧ..

Πυθοστράτου Ανχχ[άρσιδος].

« [Dépouille] de Pythostrate, fils d'Anacharsis. »

23. Stèle funéraire en calcaire brunâtre. Hauteur, 0ᵐ,58 ; largeur, 0ᵐ,26 ; lettres gravées de l'époque des premiers Ptolémées.

ΚΑΛΛΩΝ
ΚΑΛΛΙΚΡΑΤΟΥΣ

Κάλλων Καλλικράτους

« Callôn, fils de Callicrate. »

24. Fragment de stèle funéraire, en pierre calcaire, peinte. Hauteur, 0ᵐ,45 ; largeur, 0ᵐ,24 ; lettres de l'époque des premiers Ptolémées.

ΦΙΛΩΤΑΣ ΑΡΙΣΤΩΝ
ΑΡΙΣΤΩΝΟΣ ΑΣΣΙΟΣ

Φιλώτας Ἀρίστων, Ἀρίστωνος, Ἄσσιος.

« Philotas Aristôn, fils d'Aristôn, de Assos. » Assos était une ville de la Troade.

25. Stèle funéraire, en pierre calcaire, peinte. Hauteur, 0ᵐ,45 ; largeur, 0ᵐ,24 ; lettres de l'époque des premiers Ptolémées.

ΑΝΑΣΣΩΝ
//////ΥΘΟΣ////ΑΤΟΥΘΗΡΑ//////

Ἄνασσων [Πυ]θοστράτου, Θηρα[ῖος].

« Anassôn, fils de Pythostrate de Théra ; » une des Cyclades.

26. Stèle funéraire en pierre calcaire, peinte. Hauteur, 0ᵐ,68 ;

largeur, 0^m,34 ; lettres de l'époque des derniers Ptolémées.

ΑΓΝΑϹΗΡΑΚΛΕΟΔΩΡΟΥΘΡΑΙΞ

Ἄγνας Ἡρακλεοδώρου, Θρᾷξ.

« Agnas, fils d'Héracléodore, Thrace. »

27. Stèle funéraire en pierre calcaire, peinte. Hauteur, 0^m,46 ; largeur, 0^m,23 ; lettres de l'époque des derniers Ptolémées.

ΦΙΛΕΙϹΤΑ ΓΥΝΗ ϹΙϹΟΝΩΝΟ////
ΑΝΑΞΙΜΟΥΓΑΛΑΤΟΥ

Φιλείστα, γυνὴ Σισώνωνος Ἀναξίμου, Γαλάτου.

« Philista, femme de Sisonon, fils d'Anaxime, le Galate. » Les Thraces et les Gaulois d'Asie-Mineure ou Galates, formaient un corps de mercenaires à part, qui au temps de Ptolémée IV Philopator, était commandé par Dionysios de Thrace. (Polyb., V, 65, 82.)

28. Stèle funéraire, en pierre calcaire, peinte. Hauteur, 0^m,45 ; largeur, 0^m, 21 ; lettres de l'époque des derniers Ptolémées.

ΑΙΔΕΑΡΑΤΟϹ
ΑΙΔΟϹΟΤΙΟϹ

Αἰδεάρατος Αἰδοσότιος.

« Édéarate, fils d'Édosotis. » Noms barbares, gallo-grecs.

29. Fragment de tablette funéraire, peinte en ocre rouge et jaune-grisâtre sur fond blanc. Hauteur, 0^m,45 ; largeur, 0^m,31. Elle fut trouvée devant une sépulture, dans un autre hypogée ordinaire de la même région. Lettres de l'époque des derniers Ptolémées, écrites en ocre rouge.

ΧΑΙΡΕ
ΑΡΧΑΓΑΘΑ
ΕΡΜΙΟΥ
ΠΤΟΛΕΜΑΙ////

Χαῖρε Ἀρχαγάθα Ἑρμίου, Πτολεμαι[εύς].

« Salut à toi, Archagathas, fils d'Hermias, de Ptolémaïde. »

30. Inscription sur le mur d'une chambre funéraire découverte

pendant le mois de février 1886. Lettres de l'époque des premiers Ptolémées, écrites en ocre rouge, sur le fond gris de la chambre.

3ᶠ. Inscription sur le mur d'un hypogée chrétien découvert et démoli en même temps que le précédent. Lettres de l'époque Constantinienne écrites, en ocre rouge, sur l'enduit blanc de la chambre.

//////////CЄBOYC

MAKAPIOY

ΦΙΛΟΤΕΚΝΟΥ

L. ĪB. ΘШΘ ĪΘ

MNHAC C

[Eὐ]σεβοῦς μακαρίου Φιλοτέκνου L . ῑβ. Θὼθ ῑθ μνή̣ας.

C'est-à-dire « du pieux, du bienheureux Philoteknos. L'an XII; du mois de Thôth le XIXᵉ jour. En commémoration. »

L'année est celle du règne de l'empereur; le jour, celui de l'anniversaire de la mort de Philoteknos.

Μνή̣ας est écrit pour μνείας, *memoriae*; le second c, à la fin de l'inscription, paraît être une répétition par inadvertance du c final du mot μνή̣ας.

IV. — *Éleusis* (*Khddrah*).

Le faubourg d'Éleusis était célèbre anciennement pour ses lieux de plaisance aussi bien que pour son temple de Cérès et de Proserpine, appelé Θεσμοφορεῖον (Polyb., XV, 29 et 33). On y célébrait, chaque année, la fête des Thesmophoria et les mystères éleusiniens (Euseb., *Praepar.*, *Evang.*, III, 12), suivant le même rituel que les mystères d'Éleusis près d'Athènes, avec la procession du καλάθου κάθοδος chantée par Callimaque (*Hymn. ad Cer.*), et avec le cortège de flambeaux, λαμπαδηφορία.

A ces fêtes et processions prenaient part non seulement les habitants d'Alexandrie et les autres communautés grecques d'Égypte, mais aussi des députations solennelles et des ambassades sacrées, θεωρίαι, πρεσβείαι, envoyées par différentes villes de la Grèce et de ses colonies et des îles, sous la conduite de personnes de distinction et riches, capables de défrayer les dépenses de ces missions coûteuses.

De telles personnes étaient appelées θεωροί et ἀρχιθέωροι, membres et chefs de mission religieuse, ou πρεσβευταί, envoyés en mission sacrée. Nous allons voir, plus loin, quelques-uns de ces étrangers distingués, morts pendant qu'ils accomplissaient leur mission, et dont les cendres furent déposées dans les hypogées en question, par les soins de quelque fonctionnaire *ad hoc*, attaché au service du temple de Cérès, qui achetait la sépulture au nom de la famille du défunt, et qui pour cela est mentionné sous la qualification de ἀγοραστής, *acheteur*.

32. Urne funéraire. Hauteur, 0ᵐ,43; peinture noire, sur fond ocre jaune orangé. Lettres de l'époque des premiers Ptolémées.

L Ƃ ΜΗΝΟC ΓΑΝΗΜΟΥ ΔΙΑ ΘΕΥΔΟΤΟΥ
ΑΝΔΡΟΜΗC ΕΠΙΓΕΝΟΥC ΦΑΛΑCΑΡΝΙΟC ΚΡΗC.

L β̄. μηνός Πανήμου, διὰ Θευδότου [ἀγοραστοῦ]. Ἀνδρόμης Ἐπιγένους, Φαλασάρνιος, Κρής.

« L'an II du roi, [au courant] du mois de Panamos, par les soins de Théodote. Andromès, fils d'Épigène, de Phalasarne, Crétois. »

Notons ici l'expression Θευδότου, en idiome dorien, pour Θεοδότου, personnage qui va être mentionné plus loin dans trois autres inscriptions funéraires du même genre. (Voyez nᵒˢ 34, 36, 37.)

33. Urne funéraire. Hauteur, 0ᵐ,35; couleur rouge de brique. L'urne était recouverte, dans sa plus grande partie, d'un enduit blanc. Let'res tracées à la pointe, de l'époque des premiers Ptolémées.

ΑΡΙCΤΟΓΟΛΙS
ΑΡΙCΤΟΔΗΜΟΥ
ΓΤΟΛΕΜΑΙΕΥΣ
Β

Ἀριστόπολις Ἀριστοδήμου Πτολεμαιεύς. β̄.

« Aristopolis, fils d'Aristodème, de Ptolémaïs. L'an II du roi. »

34. Urne funéraire. Hauteur, 0ᵐ,43; peinture noire, sur fond ocre jaune orangé. Lettres de l'époque des premiers Ptolémées.

L. Γ̅. ΔΙΟΥ //////Ε̅
ΔΙΑΘΕΟΔΟΤΟΥ
ΑΓΟΡΑΣΤΟΥ
ΘΕΩΝΔΟΥ
ΣΑΜΟΘΡΑΚΟΣ

Lγ̅. Δίου ///ε. Θεοδότου ἀγοραστοῦ. Θεώνδου Σαμόθρακος.

« L'an III du roi, du mois de Dios le XV⁰. Par les soins de Théodote, acheteur. [Dépouille] de Théondas de Samothrace. »

35. Urne funéraire. Hauteur, 0ᵐ,46; peinture gris-foncé, sur fond ocre jaune-clair, presque gris. Lettres du temps des premiers Ptolémées.

L Δ̅ ΞΑΝΔΙΚΟΥ Ι̅Η̅
ΑΛΕΞΙΚΡΑΤΟΥΣ
ΡΟΔΙΟΥΚΡΑΤΙΔΟΥ
ΑΠΙΔΟΣ ΚΤΕΡΙCANS

Lδ̅. Ξανδικοῦ ιη. Ἀλεξικράτους Ῥοδίου. Κρατίδου Ἄπιδος κτερίσαντος.

« L'an IV du roi, du mois de Xandicos le XVIII. [Dépouille] d'Alexicrate de Rhodes. Cratidas, fils d'Apis, a fait les obsèques. »

36. Urne funéraire. Hauteur, 0ᵐ,46; peinture noire, sur fond ocre jaune-orangé. Lettres de l'époque des premiers Ptolémées.

L Θ̅ ΣΩΤΙΩΝ
ΚΛΕΩΝΟΣ
ΔΕΛΦΟΣ
ΘΕΩΡΟΣΤΑ
ΣΩΤΗΡΙΑ
ΕΠΑΝΓΕΛΛΩΝ
ΔΙΑΘΕΟΔΟΤΟΥ
ΑΓΟΡΑΣΤΟΥ.

Lθ̅. Σωτίων Κλέωνος, Δελφός, θεωρὸς τὰ Σωτήρια ἐπαγγέλλων. Διὰ Θεοδότου ἀγοραστοῦ.

« L'an IX du roi, Sotiòn, fils de Cléon, de Delphes, envoyé en mission sacrée pour annoncer les fêtes des Sotéria. Par les soins de Théodote, acheteur. »

37. Urne funéraire. Hauteur, 0ᵐ,11 ; peinture noire, sur fond ocre jaune orangé. Lettres de l'époque des Ptolémées.

LΘ ΥΠΕΡΒΕΡΕΤΑΙΟΥ Ā
ΦΑΡΜΟΥΘΙ Z̄
ΤΙΜΑCΙΘΕΟΥ ΤΟΥ
ΔΙΟΝΥCΙΟΥ ΡΟΔΙΟΥ
ΓΡΕCΒΕΥΤΟΥ
ΔΙΑΘΕΟΔΟΤΟΥΑΓΟΡΑCΤΟΥ

L. Θ. Ὑπερβερεταίου ᾱ, Φαρμουθὶ ζ̄. Τιμασιθέου τοῦ Διονυσίου, Ῥοδίου, πρεσβευτοῦ. Διὰ Θεοδότου, ἀγοραστοῦ.

« L'an IX du roi, du mois de Hyperbérétaios le Iᵉʳ, du mois [égyptien] de Parmouthi le VIIᵉ. [Dépouille] de Timasithée, fils de Dionysios de Rhodes, envoyé en mission sacrée. Par les soins de Théodote, acheteur. »

Cette date des obsèques de Timasithée donnée d'après deux calendriers différents est significative.

Il est bien connu que pendant que l'année macédonienne était fixe, l'année civile égyptienne était anciennement vague et appelée *année vieux style*, ἔτος κατὰ τοὺς ἀρχαίους. Il en fut ainsi jusqu'au 17 du mois de Tybi, *de la neuvième année du règne de Ptolémée III Évergète*, c'est-à-dire de l'an 238 avant notre ère. Ce jour-là les archiprêtres, prophètes, hiérogrammates et autres, appartenant à l'ordre sacerdotal d'Égypte, réunis en synode dans le sanctuaire des dieux Évergètes, à Canope, décrétèrent la réforme de l'ancien calendrier et l'adoption pour l'usage civil et religieux, de l'année fixe des prêtres, appelée ἔτος τῶν θεῶν, concurremment avec le calendrier macédonien de la cour et de la ville d'Alexandrie. C'est le décret bilingue, grec et hiéroglyphique inscrit sur la pierre découverte à Tanis, en 1866, qui nous a révélé cette réforme.

La mention du jour du mois, d'après deux calendriers, le calendrier macédonien et le calendrier égyptien, et la coïncidence

8

de la neuvième année du règne du roi, sur l'inscription qui
nous occupe avec la neuvième année du règne de Ptolémée III
Évergète, où l'on décréta l'innovation, nous permettent de fixer
l'époque des sépultures de toute la série, au règne de ce même
Ptolémée III qui régna 26 ans, du 24 octobre 247 au 10 octobre
222 avant notre ère.

38. Urne funéraire. Hauteur, 0ᵐ,35; peinture brun-foncé et
noir, sur fond ocre jaune-orangé. Lettres de l'époque des premiers Ptolémées.

L Ō ΓΑΧΩΝ K̄Z̄ ΑΡΓΑΛΟΥ ΤΟΥ ΑΡϹΑΜΟΥ ↑

L ō . Παχὼν κ̄ζ̄ . Ἀρπάλου τοῦ Ἀρσάμου.

« L'an IX du roi; du mois de Pachòn le XXVIIᵉ. [Dépouille]
de Harpalos, fils d'Arsamos. »

Cette inscription, de la même année que la précédente, est datée
d'après le calendrier égyptien nouvellement réformé par le synode
de Canope, et correspond à l'an 238 avant notre ère. Elle est
écrite en une seule ligne sur la partie vide d'ornements, au revers
du vase et au-dessous de l'anse longitudinale.

39. Urne funéraire. Hauteur, 0ᵐ,46; peinture noire sur fond
rose-orangé. Lettres de l'époque des premiers Ptolémées.

ΔΙΑϹΑΡΑΠΙΩΝΟϹ

L · K · ΗΓΗϹΙΟΥ

ΤΟΥ ΑΠΟΛΛΩΝΙΑΤΟΥ

Διὰ Ϲαραπίωνος. L κ̄ . Ἡγησίου τοῦ Ἀπολλωνιάτου.

« Par les soins de Sarapion : l'an XX du roi. [Dépouille] de
Hégésias d'Apollonie. »

Parmi les villes que ce nom peut désigner, l'Apollonie de Cyrénaïque me paraît devoir être préférée, soit à cause du voisinage, soit à cause de la domination des Ptolémées sur cette
région.

40. Urne funéraire. Hauteur, 0m,43; peinture noire sur fond

ocre jaune-orangé. Lettres de l'époque des premiers Ptolémées.

ΕΤΟΥΣ ΕΝΟΣ ΚΑΙ ΕΙΚΟΣΤΟΥ ΜΗΝΟΣ ΛΩΙΟΥ
ΔΙΑΡΤΕΜΩΝΟΣ ΙΕΡΩΝΙΔΗΣ ΛΑΜΠΩΝΟΣ
ΦΩΚΑΙΕΥΣ ΑΡΧΙΘΕΩΡΟΣ.

Ἔτους ἑνὸς καὶ εἰκοστοῦ, μηνὸς Λώου. Δι' Ἀρτέμωνος. Ἱερωνίδης
Λάμπωνος, Φωκαιεύς, ἀρχιθέωρος.

« L'an XXI du roi ; au courant du mois de Lôos. Par les soins
d'Artémon : Hiéronidès, fils de Lampôn de Phocée, chef de
mission sacrée. »

41. Urne funéraire. Hauteur, 0ᵐ,16 ; peinture noire sur fond
ocre jaune-clair. Lettres *cursives* de l'époque des derniers Ptolémées.

ΑΠΟΛΛΟΔΩΡΟΥ
ΤΟΥ ΛΥΣΙΟΥ
ΜΑΡΩΝΟΣ

Ἀπολλοδώρου τοῦ Λυσίου, Μάρωνος.

« [Dépouille] d'Apollodore, de Maronée. »

Μάρων est une forme peu usitée, mais correcte, employée pour
Μαρωνείτης, habitant de Μαρώνεια, ville de Thrace, célèbre pour
son vin et aussi pour avoir été le pays de Maron, fils de Silène et
petit-fils de Bacchus ; d'où l'adjectif μάρων pour le vin et μαρωνίς
ὀπώρη pour le raisin.

Sous le pied de l'urne on lit :

ΔΕΙΣΑΙ
ΘΕ
ΜΙΔΑ

Δεῖσαι Θέμιδα. « Qu'on ait peur de la justice. »

42. Urne funéraire. Hauteur, 0ᵐ,11 ; peinture noire, sur fond
rose pâle. Lettres de l'époque des premiers Ptolémées.

ΡΩΞΙΣ ΑΠΟΑΣΙΟΣ
ΕΤΕΝΝΕΥΣ

Ῥῶξις Ἀποάσιος, Ἐτεννεύς.

« Rhôxis, fils d'Apoasis, d'Étenne. »

Les noms du défunt et de son père indiquent leur origine barbare. 'Ετέννα ou 'Ετέννη était une ville de Pamphylie, en Asie-Mineure, dont les habitants étaient considérés comme formant une peuplade mélangée, qu'on appelait pour cela Πάμφυλοι, c'est-à-dire, πάσης φυλῆς, *de toute race*. Les auteurs grecs les considéraient comme Ciliciens.

43. Urne funéraire en albâtre jaune-clair, avec taches et nervures jaune-orangé. Hauteur, 0ᵐ,38, y compris le couvercle. Lettres gravées de l'époque des premiers Ptolémées.

ONACITIMA

Pour 'Ονασίμη, en dialecte dorien.

V. — *Nicopolis. (Sidi-Gâber, Camp des Césars et Ramleh).*

44. Au milieu des catacombes qui se trouvent derrière la petite mosquée de Sidi-Gâber, du côté de la mer, on mit au jour, au commencement de l'année 1880, pour le détruire ensuite, un hypogée de famille, d'une seule pièce et creusé dans le roc.

La chambre était quadrangulaire et légèrement voûtée, longue de 2ᵐ,66 sur 2ᵐ,34 de largeur, et haute de 4ᵐ,24; la paroi du fond était percée de trois paires de *loculi* superposés qui, creusés horizontalement, s'enfonçaient dans la profondeur du roc. Leur ouverture avait 0ᵐ,96 de haut et 0ᵐ,66 de large.

La paroi, à main gauche, était lisse et intacte; sur la paroi de droite, on lisait trois inscriptions funéraires écrites en ocre rouge et en lettres de l'époque des Antonins. La première, en haut, concernait un jeune homme décédé à la fleur de son âge et nommé Héraclide; au-dessous, côte à côte, il y en avait deux autres; l'une était la continuation de la première, et l'autre se rapportait à une jeune fille appelée Héraïs, apparemment sœur d'Héraclide.

A

HPAKΛEIΔHCOKAΛOCKEITENΘAΔE
ωCOCEIPICHΠAΦIHCOΛAωNIC
HENΔYMIωNOCEΛHNHC
HTHCAΛKMHNHCHPAKΛHCΔωΔEKAEΘΛOC ΠANTωC

B

CYMENTEΘNHKACKAIEΞETEINACTACKEΛH
EMOYΔEΠAΠΠOYTOYΓEPONTOCECΠACAC
ACTHPOYPANIOCOEΠIACTEPIEΠANATEΛΛωN
ECΠACΘHΔIATOYTOΘEOIEKΛAYCANAΠANTEC
ΠENΘEIKAIMEPOΠωNΦYΛωCΠAΛAITHNAΛKHCTIN
KEINHNEΛEHPANHTHNAΔωNIΔOCTEΛEYTHN
AYTHΔAΛKHCTICAPETHNECΠEYC . . . .
. . . .

C

HPAIΔOCΘANOYCHC
ECTENAΞANOIΘEOI
EYΨYXEI. . . . .
HPAICEYΨYXICΦAOC . .
TEΛEYTHCACA

A

'Ηρχλείδης ὁ χαλὸς χεῖτ' ἐνθάδε,
ὡς Ὄσειρις, ἢ Πχφης ὁ Ἄδωκς,
ἢ Ἐνδυμίων ὁ Σελήνης,
ἢ τῆς Ἀλχμήης Ἡρχλῆς δωδεχάεθλος πάντως.

B

Cὺ μὲν τέθνηχαι χαὶ ἐξέτεινας τὰ σχέλη,
ἐμοῦ δὲ πάππου τοῦ γέροντος ἔσπασας.
ἀστὴρ οὐρἀνιος ὁ ἐπὶ ἀστέρι ἐπχατέλλων
ἐσπάσθη. διὰ τοῦτο θεοὶ ἔχλχχαν ἅπχντες
πένθει, χαὶ μερόπων φῦλ' ὡς πάλαι τὴν Ἄλχηστιν
χείνην ἐλέησαν, ἢ τὴν Ἀδώνιδος τελευτήν.
αὐτή δ' Ἄλχηστις ἀρετήν ἔσπευς. . . . .
. . . .

C

'Ηραΐδς θανοῦσα
ἐσθλαῖξν οἱ θεοί.
εὐθύχει........
'Ηραῖς εὐθυχὴς φίλς...
τελευτήσασα.

A

Ci-gît le bel Héraclide,
semblable à Osiris, ou à l'amant de la déesse de Paphos, Adonis,
ou à Endymion, l'amant de Séléné,
ou mieux encore à Hercule, fils d'Alcmène, qui triompha douze fois.

B

Tu n'es plus et tes membres se sont allongés dans la tombe
tandis que la douleur déchire ton vieil aïeul.
Un astre s'était levé au ciel après un autre,
et voici qu'il a disparu. Tous les dieux en ont pleuré,
et avec eux les tribus des mortels, comme autrefois sur Alcestis,
tant vantée, ou sur la mort d'Adonis.
Mais ce fut la vertu qui précipita Alcestis vers la mort.
. . . .

C

Héraïs est morte;
les dieux l'ont pleurée.
Que ton âme soit heureuse.......
Héraïs, ton âme est heureuse....
Tu ne vois plus la lumière...
Défunte...

45. Petit piédestal, en marbre blanc, d'un grain très fin, trouvé
en 1875, dans les ruines du camp des Césars, à Ramleh. Hauteur 0ᵐ,16; largeur, en haut et en bas, 0ᵐ,17; au milieu, 0ᵐ,12.
La face antérieure portait, en lettres de l'époque d'Antonin le
Pieux :

PRO SALVTE D·NOSTRI
ANTONINI GENIVMϵ
AVREL · AETERNALIS POSVIT

« Pro salute Domini Nostri Antonini : Genium ejus Aurel.
Æternalis posuit. »

46. Inscription latine peinte calligraphiquement en ocre rouge, sur plâtre, imitant un *titulus* en marbre. Elle fut trouvée en avril 1880, sur la paroi d'un hypogée creusé dans le roc, et faisant partie du cimetière militaire romain situé entre la mosquée de Sidi-Gâber et l'ancien camp des Césars. Les lettres étaient de la meilleure époque des premiers empereurs.

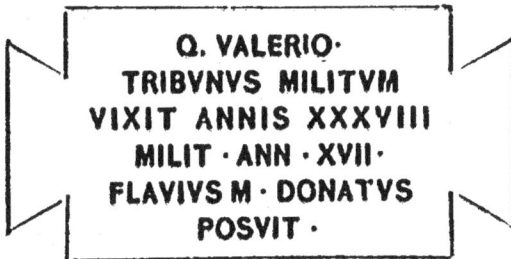

```
        Q. VALERIO·
    TRIBVNVS MILITVM
   VIXIT ANNIS XXXVIII
     MILIT · ANN · XVII·
   FLAVIVS M · DONATVS
        POSVIT ·
```

47. Cippe rectangulaire en marbre, trouvé en 1880, dans un petit hypogée du cimetière militaire romain, devant le camp des Césars. Sur la face antérieure, on voyait l'effigie de l'officier dont les cendres étaient déposées dans une *olla cineraria*, en marbre, laquelle se trouvait derrière le cippe, dans une niche.

La sculpture, en haut relief, d'une valeur artistique médiocre, représentait un homme d'âge mûr, rasé et habillé à la romaine, avec tunique, ceinture et toge. De la main droite, il tenait un bout de sa toge, pendant que la main gauche serrait un *volumen*.

Au bas du cippe on lisait, en lettres de l'époque des empereurs du IVe siècle, négligemment incisées par la main peu sûre d'un artiste illettré et qui ne connaissait pas la langue, l'inscription suivante :

C · DAMIANO BAƷILIVS ET EREDES PER PROCVRATORES EIVS

pour dire : *C. Damiano, Basilius et eredes per procuratores ejus.*

48. Piédestal en porphyre, trouvé en 1878, au milieu des ruines du camp des Césars. Hauteur, 0^m,37; largeur, à la partie supérieure et en bas, 0^m,33; au milieu, 0^m,29.

L'inscription, en lettres de l'époque de la seconde moitié du IIIe siècle, est tracée laborieusement et irrégulièrement, à cause de la nature de la pierre.

Fait significatif : l'année du règne et le nom de l'empereur en l'honneur duquel la statue devait avoir été érigée, se trouvaient martelés; il ne restait que le titre Σεβαστοῦ, le jour du mois de l'érection du monument et le nom du préfet Claudius Firmus, portant le titre d'*illustrissimus restaurator* :

/////////////////////////// CEBACTOY ·
ΕΠΕΙΦΙ K̄

ΕΠΙΚΛΑΥΔΙΟΥΦΙΡΜΟΥ
ΛΑΜΠΡΟΤΑΤΟΥΕΠΑΝΟΡΘΩΤΟΥ

..... Σεβαστοῦ, Ἐπεὶφ κ̄. ἐπὶ Κλαυδίου Φίρμου λαμπροτάτου ἐπανορθωτοῦ.

Quel était l'empereur pendant le règne duquel Claudius Firmus était préfet d'Égypte? Pour quelle raison ce dernier reçut-il le titre de λαμπρότατος ἐπανορθωτής, *illustrissimus restaurator?* Quel était, enfin, celui par l'ordre duquel le nom de l'empereur légitime avait été martelé et effacé du monument?

Une observation accidentelle de Flavius Vopiscus, dans sa biographie de Firmus, l'usurpateur du pouvoir impérial en Égypte sous le règne d'Aurélien, en 272 de notre ère, répond à cette triple question.

Parlant du pays d'origine de l'usurpateur, il dit entre parenthèse : « Firmo patria Seleucia fuit, tametsi plerique Græcorum alteram tradunt, ignari eo tempore tres fuisse Firmos, quorum *unus præfectus Ægypti*, alter dux limitis Africani, idemque proconsule, *tertius iste Zenobiæ amicus ac socius* qui *Alexandriam*, Ægyptiorum incitatus furore, *pervasit*, et quem Aurelianus solita virtutum suarum felicitate contrivit... Hic ergo contra Aurelianum sumpsit imperium ad defendendas partes quæ supererant Zenobiæ; sed Aureliano de Thraciis redeunte superatus est ; multi dicunt laqueo eum vitam finisse. » (Flav. Vopisc., *in vit. Firmi*, c. iii et v.)

D'après ce qui précède, Claudius Firmus, le préfet d'Égypte, gouvernait le pays à l'époque de Firmus le Syrien, ami et allié de Zénobie, reine de Palmyre et maîtresse de l'Égypte avant l'élévation d'Aurélien à l'empire. Ce fut ce Claudius Firmus qui, en qualité de *præfectus augustalis*, rétablit l'autorité impéria'e en Égypte et mérita ainsi le titre d'*illustrissime restaurateur* de la domination romaine. La domination palmyrène sur le pays prit fin, par suite du détrônement et de la mort de Vaballathus-Athénodore, fils de Zénobie, en 271 de notre ère.

L'année suivante, Firmus le Syrien, natif de Séleucie et allié de la famille royale déchue, vint à la tête des troupes égyptiennes, des Blemmyes nomades et des Saracènes, revendiquer, avec le titre de κοσμοκράτωρ, la succession de la domination palmyrène sur l'Égypte. Après avoir fixé le siège de ses opérations à Coptos, puis à Ptolémaïs, il s'empara d'Alexandrie, où il resta jusqu'à l'arrivée de l'empereur Aurélien, qui, accouru de Thrace, le fit prisonnier et le condamna à être étranglé.

Ce dut être pendant l'occupation d'Alexandrie par Firmus l'usurpateur, l'an 272 de notre ère, qu'eut lieu le martèlement du nom de l'empereur Aurélien, à la première ligne de l'inscription qui nous occupe, et la destruction de la statue.

49. Stèle funéraire, en marbre blanc. Hauteur, 0^m,39; largeur 0^m,29; trouvée en 1873, au cimetière militaire romain, devant le camp des Césars.

L'inscription négligemment gravée en lettres de la première moitié du IIIe siècle, abstraction faite des abréviations, des fautes d'orthographe et d'une prodigalité de signes de ponctuation superflus, portait :

```
DIS · M · LABERIVS
FORTVNTVS · M.
LEG · II · T · RO · COH IIII
AST · PRI · MIL N · XXIII·
EQVINVS POMPEIANVS
OPTIO · SECVNDVS ERES
¯B¯E¯M · M · F · ECI ·.
```

« Diis Manibus. Laberius Fortunatus, miles Legionis II Trajanae Fortis, cohortis IIII, hastatus primus, militavit [annos] XXIIII. Equinus Pompejanus, optio secundus, heres, bonae ejus memoriae monimentum feci. »

En fait de fautes d'orthographe, notons **FORTVNTVS** pour *Fortunatus*, Ro[rtis] pour *fortis* et l'absence de l'*h* dans les mots *hastatus* et *heres*.

50. Stèle votive en marbre blanc. Hauteur, 0^m,17; largeur, 0^m,12; trouvée à Ramleh. Lettres de l'époque des premiers Ptolémées.

ΔΙΟΝΥΣΙΟΣΟΚΑΙΑ
ΓΙΩΝΥΓΕΡΙΣΙΔΩΡΑΣ
ΤΗΣΓΥΝΑΙΚΟΣΚΑΙΤΩΝ
ΓΑΙΔΙΩΝΙΣΙΔΩΡΑΣ
ΚΑΙΙΣΙΔΩΡΟΥ

Διονύσιος ὁ καὶ Ἀπίων ὑπὲρ Ἰσιδώρας τῆς γυναικὸς καὶ τῶν παιδίων Ἰσιδώρας καὶ Ἰσιδώρου.

« Dionysius, autrement dit Apion, pour Isidora sa femme et pour ses enfants, Isidora et Isidoros. »

51. Stèle funéraire, en marbre blanc, trouvée en 1875, à Ramleh. Lettres de l'époque des premiers Ptolémées.

ΑΡΙΣΤΟΔΗΜΟΣ
ΚΑΛΛΙΣΘΕΝΟΥΣ

Ἀριστόδημος Καλλισθένους.

« Aristodème, fils de Callisthène. »

« 52. Stèle funéraire, en marbre blanc, trouvée en 1875, à Ramleh. Lettres de l'époque des premiers Ptolémées.

ΛΑΚΡΙ
ΝΗΣΕ
ΓΙΔΑΥ
ΡΙΟΣ

Λακρίνης Ἐπιδαύριος.

« Lacrinès d'Épidaure », ville d'Argolide en Péloponnèse.

53. Stèle funéraire, en marbre blanc. Hauteur, 0^m,27; lar-

geur, 0m,10; trouvée entre Ramleh et Mandàrah, en 1875. Lettres de l'époque des premiers Ptolémées.

$$\overline{\text{LIζ}} \; \text{ΠΑΥΝΙ} \; \overline{\text{ΚΒ}}$$
$$\text{ΔΙΟΤΙΜΕ ΤΕ}$$
$$\text{ΚΝΟΝ ΑΩΡΕ}$$
$$\text{ΧΡΗΣΤΕ ΧΑΙΡΕ}$$

L. ιζ. Παϋνὶ κβ. Διότιμε, τέκνον ἄωρε, χρηστέ, χαῖρε.

« L'an XVI du roi ; du mois de Payni le xxii°. Diotime, enfant mort avant le temps, à toi qui fus si bon, salut! »

54. Tablette funéraire, en pierre calcaire, trouvée en 1877, à Ramleh. Lettres de l'époque des premiers empereurs.

$$\text{ΑΦΡΟΔΙCΙΟΥ}$$
$$\text{ΓΑΙΟΥΜΑΓΝΟΥ}$$

Ἀφροδισίου Γαΐου Μάγνου.

« [Dépouille] d'Aphrodisius Gaïus Magnus. »

VI. *Taposiris parva* (Mandàrah).

55. Stèle en pierre calcaire, sculptée en relief; trouvée en 1880, à Mandàrah. Hauteur, 0m,61 ; largeur, 0m,51.

La sculpture représentait une fillette romaine vêtue d'une tunique de dessous, *subucula*, et d'un *indusium*, retenus autour du sein par une ceinture. Elle était couchée sur un lit de repos, la tête appuyée sur la main gauche. La main droite, tenant des épis et des fleurs des champs, était étendue sur le genou droit légèrement fléchi.

L'inscription, au bas de la stèle, en lettres de l'époque des empereurs du iii° siècle, portait :

QVE BIXIT	D° M°	AN IIII
	AVRELIE AQVILINE FILIE PA RENTES BENEMERENTI FECERV	MES III

Remarquons la faute d'orthographe *bixit* pour *vixit*, telle qu'on la rencontre fréquemment dans les inscriptions funéraires païennes et chrétiennes de Rome, d'Italie et de la Gaule, de la même époque, c'est-à-dire avant le iv° siècle : ce qui indique que dès lors le *b* se prononçait comme *v* dans tout l'empire romain, en Orient aussi bien qu'en Occident. Et cela est si vrai que la substitution du *b* au *v*, et réciproquement, se rencontre, non seulement sur les inscriptions, mais encore sur les monnaies de cette époque.

C'était ainsi que l'on écrivait **BIBAS** et **BIBVS** pour *vivas* et *vivus*, **IVBENIS** pour *juvenis*, **BOBIS** pour *vobis*; de même **VASIS** pour *basis*, **VENEMERENTI** pour *benemerenti*, **PLACAVILIS** pour *placabilis*. La prononciation grecque moderne du bêta avec le son du **V** latin, *vita* pour βήτα, *vasileus* pour βασιλεύς, *vasis* pour βάσις, etc., n'est donc pas si moderne qu'on se plaît à l'enseigner dans les écoles en Europe.

56. Stèle votive, en marbre blanc. Hauteur, 0ᵐ,23; largeur, 0ᵐ,22; trouvée à Mandàrah en 1877. Lettres de l'époque des premiers Ptolémées.

ΥΠΕΡΒΑΣΙΛΕΩΣ	Ὑπὲρ βασιλέως
ΠΤΟΛΕΜΑΙΟΥΚΑΙ	Πτολεμαίου καὶ
ΒΑΣΙΛΙΣΣΗΣΚΛΕΟΠΑΤΡΑΣ	βασιλίσσης Κλεοπάτρας,
ΘΕΩΝ ΕΠΙΦΑΝΩΝΚΑΙΕΥ	θεῶν ἐπιφανῶν καὶ εὐ-
ΧΑΡΙΣΤΩΝΟΣΟΡΩΤΕ	χαρίστων, Ὀσίρῳ τε
ΚΑΙΣΑΡΑΠΙΔΙΚΑΙΙΣΙΔΙ	καὶ Σαράπιδι καὶ Ἴσιδι
ΚΑΙΑΝΟΥΒΙΔΙΘΕΟΙΣ	καὶ Ἀνούβιδι, θεοῖς
ΠΑΣΙΚΑΙΠΑΣΑΙΣΤΟΜ	πᾶσι καὶ πάσαις, τὸμ
ΒΩΜΟΝΚΑΙΤΑΣΠΕΡΣΕΑΣ	βωμὸν καὶ τὰς περσέας,
ΣΠΑΡΙΣΚΑΙΟΙΚΩΜΕΓ	Σπᾶρις καὶ οἱ κωμεγ-
ΕΤΑΙΚΑΙΟΙΘΙΑΣΕΙΤΑΙ	έται καὶ οἱ θιασεῖται.

« Pour le roi Ptolémée et la reine Cléopatre, dieux Épiphanes et gracieux, [ont dédié] à Osiris et à Sarapis, et à Isis et à Anoubis, à tous les dieux et à toutes les déesses, cet autel et les perséa [qui l'entourent], Sparis et les chefs du festin, et ceux qui faisaient partie de la fête. »

Il y a lieu de noter ici les variantes du dialecte local : Ὀτέρῳ pour Ὀτέρου; τὴν βωλήν pour τὴν βωλέν; κωμγέται pour κωμγγέται, c'est-à-dire οἱ τῷ κώμῳ προετέρχοντες, *les ordonnateurs du festin*, et θεατέται pour θεατέται ou θεατῶται.

Le roi Ptolémée, en l'honneur duquel eut lieu la dédicace, était Ptolémée V Épiphane, qui succéda à son père Ptolémée IV Philopator, étant âgé de cinq ans à peine, sous la régence successive d'Agathoclès, de Sosibius et d'Aristomène.

A l'âge de dix-huit ans, l'an 192 avant notre ère, il épousa Cléopâtre, fille d'Antiochus le Grand, roi de Syrie. Cruel et extravagant, il mourut victime de la vengeance de ses courtisans, qui l'empoisonnèrent, le 7 octobre de l'année 181 avant notre ère. L'inscription qui nous occupe faisant mention du roi Ptolémée et de la reine Cléopâtre, sous le titre de dieux Épiphanes remonte donc au temps qui sépare la date de leur union (192) de celle de la mort du roi (181 avant notre ère).

En ce qui concerne *les perséa* dont parle notre inscription, et que Strabon (XVII, 316) mentionne parmi les arbres propres à l'Éthiopie, Diodore de Sicile (I, 34) nous apprend que le περσέα fut introduit en Égypte par les Perses, sous Cambyse.

M. G. Schweinfurth, naturaliste et voyageur d'Afrique bien connu, chargé par M. Maspero, le savant égyptologue, de déterminer un grand nombre d'espèces de plantes trouvées dans les tombeaux de Deir-el-Báhary, en 1881, est parvenu à reconnaître les fruits et les feuilles du περσέα des anciens auteurs dans ceux du *mimusops*, arbre originaire de l'Abyssinie et de l'Afrique tropicale. Les fruits se trouvaient parmi les restes des repas funèbres et les feuilles étaient entrelacées avec les fleurs et le feuillage des couronnes et des guirlandes.

Les baies rouges et sucrées des mimusops, qui se trouvent en quantité dans les forêts du Soudan et de l'Abyssinie s'accordent avec les paroles de Diodore qui vante la saveur du fruit du *perséa*.

Les anciens Égyptiens cultivaient cet arbre, lequel, à en juger par son emploi dans les rites funèbres, devait avoir une signification symbolique importante. Le *perséa* était l'arbre de vie de l'ancienne théosophie égyptienne : il était consacré à Hathòr. On voit souvent, sur les monuments des dernières dynasties, la déesse surgir de la cime du *perséa* pour verser de sa main l'*eau de là vie* sur le défunt. (Σὲ δὲ Ὀσίρεος ἀγνὸν ὕδωρ Ἴσις χρίσατο, comme il est dit dans les inscriptions funéraires de l'époque qui nous occupe.)

VII. *Zephyrium* (Aboukir).

57. Stèle votive en marbre blanc. Hauteur 0ᵐ,19; largeur 0ᵐ,29; trouvée à Aboukir, en 1876. Lettres gravées de l'époque macédonienne, immédiatement après Alexandre.

ΑΡΤΕΜΙΔΙΣΩΤΕΙΡΑΙ
ΥΓΕΡΒΑΣΙΛΕΩΣ
ΓΤΟΛΕΜΑΙΟΥ
ΕΓΙΚΡΑΤΗΣ ΑΘΗΝΑΙΟΣ

Ἀρτέμιδι σωτείρα, ὑπὲρ βασιλέως Πτολεμαίου, Ἐπικράτης Ἀθηναῖος.

« A *Artémis Salvatrix*, pour le roi Ptolémée, Épicrate d'Athènes [a dédié]. »

L'inscription fait mention du roi Ptolémée, sans aucune épithète. Il est à présumer que la dédicace eut lieu après que Ptolémée, fils de Lagus, eut pris le titre de roi, en 305, et *avant que le surnom de Soter lui eut été conféré* en 304 avant notre ère. Cette année-là les Rhodiens avaient décrété des honneurs divins à Ptolémée Iᵉʳ, et lui avaient élevé des autels dans leurs temples, sous l'invocation de *dieu sauveur*, θεὸς σωτήρ, afin de le remercier de l'assistance effective qu'il leur avait prêtée contre Démétrius. Depuis lors, le surnom de *Soter* lui resta et fut adopté aussi par les prêtres égyptiens, comme étant en harmonie avec le caractère théocratique qu'ils aimaient à prêter à la royauté.

Le village d'Aboukir, l'ancienne Μένουθις, où fut trouvée la stèle, est près du cap de ce nom, l'ancien *Zephyrium*, le seul cap qui se trouve à l'ouest (ἐπὶ ζέφυρον), sur la côte basse de l'Égypte. Le nom d'Aboukir, ou, plus correctement, *Abou-Kyr*, lui est donné de l'ancien monastère de Saint-Cyr (en copte : *Abba-Kyr*) qui se trouvait là.

Ce cap redouté est un point dangereux pour les navigateurs venant de l'est et voulant toucher à Alexandrie. Il paraît qu'anciennement un sanctuaire dédié à Ἄρτεμις σώτειρα (comme on dirait aujourd'hui « Notre-Dame du Salut ») s'élevait en cet endroit ; là même où, plus tard, sous le règne de Ptolémée II Philadelphe, on érigea le sanctuaire de Vénus Arsinoë, ἱερὸν παντὸς κύματος εὐλίμενον. (H. Weil, *Epigramme de Posidippe, Monum. grecs*, n° 8, 1879, p. 31.)

APPENDICE II

INSCRIPTIONS RECUEILLIES A NICOPOLIS

(RAMLEH)

A M. B. HAUSSOULLIER

Alexandrie d'Égypte, le 24 mai 1887.

Cher ami,

Je vous envoie copie exacte de quatre inscriptions, dont trois latines et une grecque, trouvées dernièrement à Ramleh d'Alexandrie, à l'ouest de l'ancien camp des Césars et près du cimetière militaire romain, entre Sidi-Gaber et la mer.

1. Stèle funéraire en marbre blanc. Hauteur : 0ᵐ,31 ; largeur : 0ᵐ,26. Lettres de l'époque des Gordiens, du milieu du IIIᵉ siècle, gravées sur onze lignes.

```
HVNC HABET · AETERNVS CINIS
AGCELLONIS · HONOREM
HIC IΛCET · ADSIDVO RAPTΛ
PVELLA LOCO · QVAM GENVIT ·
TELLVS MAVRVSIA QVAMQVE
COERCENS DETINET · IGNOTO
TRISTIS HARENΛ SOLO
DIS MANIBUS BENE ·
MERENTIS CONSERVAE
MAINVNAE
ANNOR · XXII
```

Hunc habet aeternus cinis Agcellonis (?) honorem.
Hic jacet adsiduo rapta puella loco,

Quam genuit tellus Maurusia, quamque coercens
Detinet ignoto tristis harena solo.

Dis Manibus bene merentis conservae Mainunae
annorum XXII.

On voit qu'il s'agit, dans cette épigramme en deux distiques, d'une jeune esclave africaine, nommée Maïnuna, enterrée sous les sables de Ramleh, et sur la tombe de laquelle ses compagnes ont placé la pierre qui nous occupe.

2. Fragment de marbre blanc, avec les dernières lignes d'une inscription funéraire chrétienne du IIIᵉ siècle.

· · · · · · ·

VIXIT AN
NOS L · M
ENSES VI
DI XVII ·

⚓   ⚓

... Vixit annos L, menses VI, dies XVII.

Les deux ancres qui figurent au bas de l'inscription sont des emblèmes que les premiers chrétiens faisaient graver sur leurs anneaux et sur les parois des monuments funéraires. C'est l'ancre du salut, symbole de l'espérance en Dieu : ἵνα ἰσχυρὰν παράκλησιν ἔχωμεν οἱ καταφυγόντες κρατῆσαι τῆς προκειμένης ἐλπίδος ἣν ὡς ἄγκυραν ἔχομεν τῆς ψυχῆς ἀσφαλῆ τε καὶ βεβαίαν. « Nous avons une puissante consolation, nous qui avons cherché à saisir l'espérance qui nous est proposée; espérance qui sert à notre âme comme d'une ancre ferme et assurée. » Pauli apostoli, *Epist. ad Hebraos*, VI, 18.

3. Stèle funéraire en calcaire. Hauteur : 0ᵐ,39; largeur : 0ᵐ,29. Lettres du IIIᵉ siècle.

C · SVLPICIVS C · F
POL · APER' MIL·
COH · SC · GR · ⅂ ANION ·
VIXIT · ANNOS' XL · MILI
TAVIT · ANNOS · XX ·

Cajus Sulpicius, Caji filius, Polliâ [tribu], Aper, miles cohortis Sociorum
Graecorum, Centuriae Anionis. Vixit annos XL, militavit annos XX.

9

Il s'agit d'un soldat qui mourut dans sa quarantième année. après avoir servi pendant vingt ans dans l'armée. Il appartenait à une des *Sociae Cohortes*, qu'on nommait ordinairement 'après les nations dont elles étaient principalement composées, ou même selon leur numéro d'ordre, *Numeri*.

4. Fragment d'une stèle funéraire en marbre blanc. Lettres de l'époque des empereurs Flaviens, du 1ᵉʳ siècle.

. . . . ΚΟΝ   . . . . κον
. . . . ΧΑΙΑΝ   . . . . . χαιαν
. . . . ΕΛ   . . . . . . αδελ-
ΦΟϹ ΑΙΛΙⲰ ΓΑΙⲰ   φὸς, Αἰλίῳ Γαίῳ
ΑΝΝΙⲰ ΚΡΕΙϹΠⲰ   Ἀννίῳ Κρείσπῳ,
ΜΝΗΜΗϹ ΧΑΡΙΝ   μνήμης χάριν.
ΠΡΟΕΝΟΗϹΕ ΕΡΜΗϹ   προενόησε Ἑρμῆς.

La stèle fut érigée par les soins de Hermès (προενόησε Ἑρμῆς) qui devait être quelque affranchi de la famille du défunt.

NÉROUTSOS-BEY.

TABLE DES MATIÈRES

APPENDICE I

APPENDICE II

Inscriptions recueillies à Nicopolis (Ramleh).

ANGERS. — IMPRIMERIE BURDIN ET Cⁱᵉ, RUE GARNIER. 4.

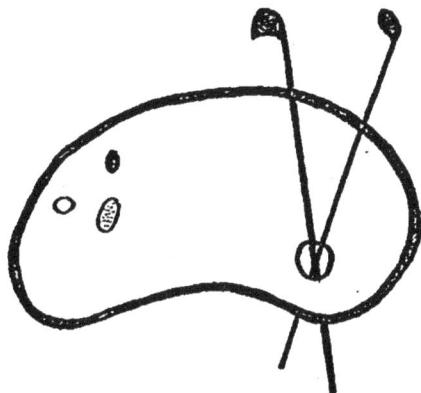

DEBUT D'UNE SERIE DE DOCUMENTS
EN COULEUR

DÉPLIANT(S) EN ...
PRISES DE VUE

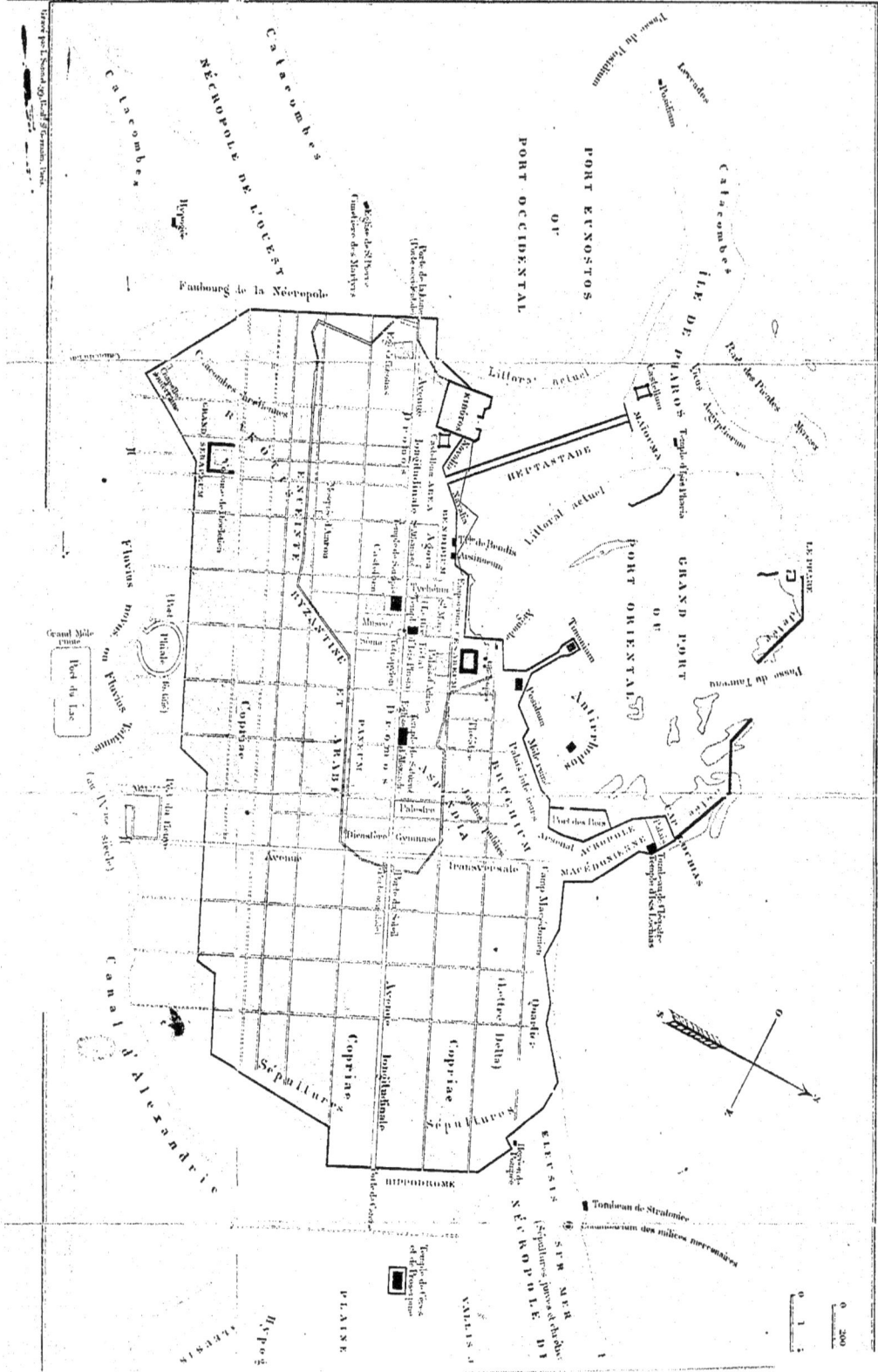

ALEXANDRIE ANCIENNE

PAR NÉROUTSOS - BEY

INE

0   200   400   800   1200   1600   Mètres

0   1   2   3   4   5   6   7   8   9   10   Stades grecs

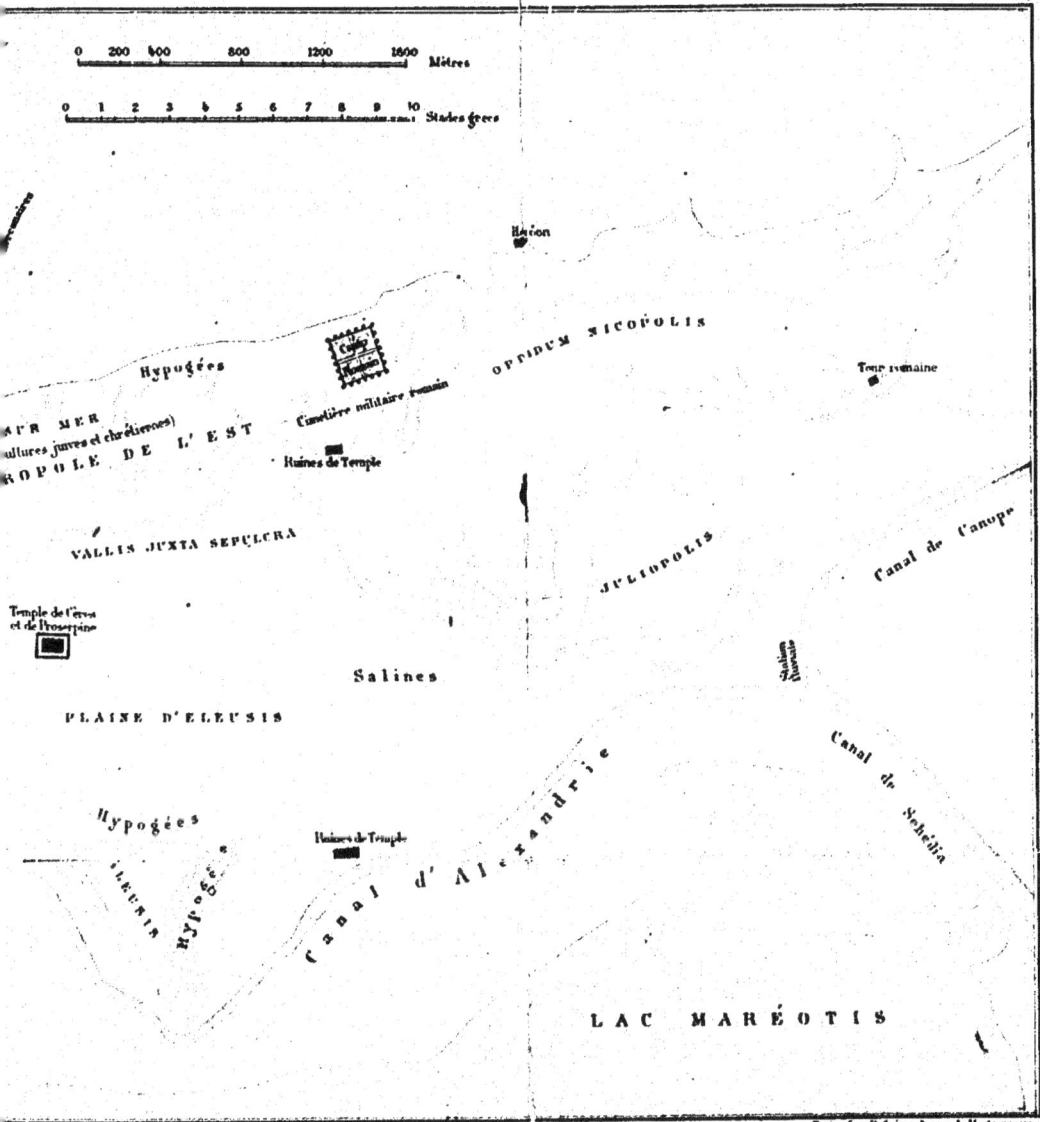

Haron

OPPIDUM NICOPOLIS

Tour romaine

Hypogées

MUR MER

(cultures juives et chrétiennes)

ROPOLE DE L'EST

Cimetière militaire romain

Ruines de Temple

VALLIS JUXTA SEPULCRA

JULIOPOLIS

Canal de Canope

Temple de Cérès
et de Proserpine

Station Zansxiu

Salines

Canal de Schedia

PLAINE D'ELEUSIS

Hypogées

Canal d'Alexandrie

ELEUSIS Hypogées

Ruines de Temple

LAC MARÉOTIS

Texte détérioré — reliure défectueuse
NF Z 43-120-11

DÉPLIANT(S) EN 1.
PRISES DE VUE

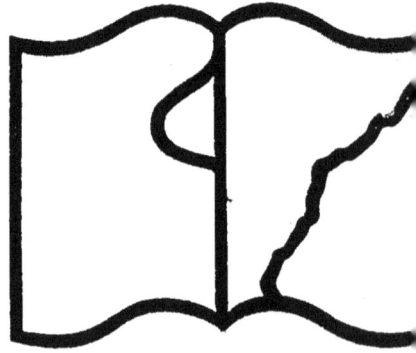

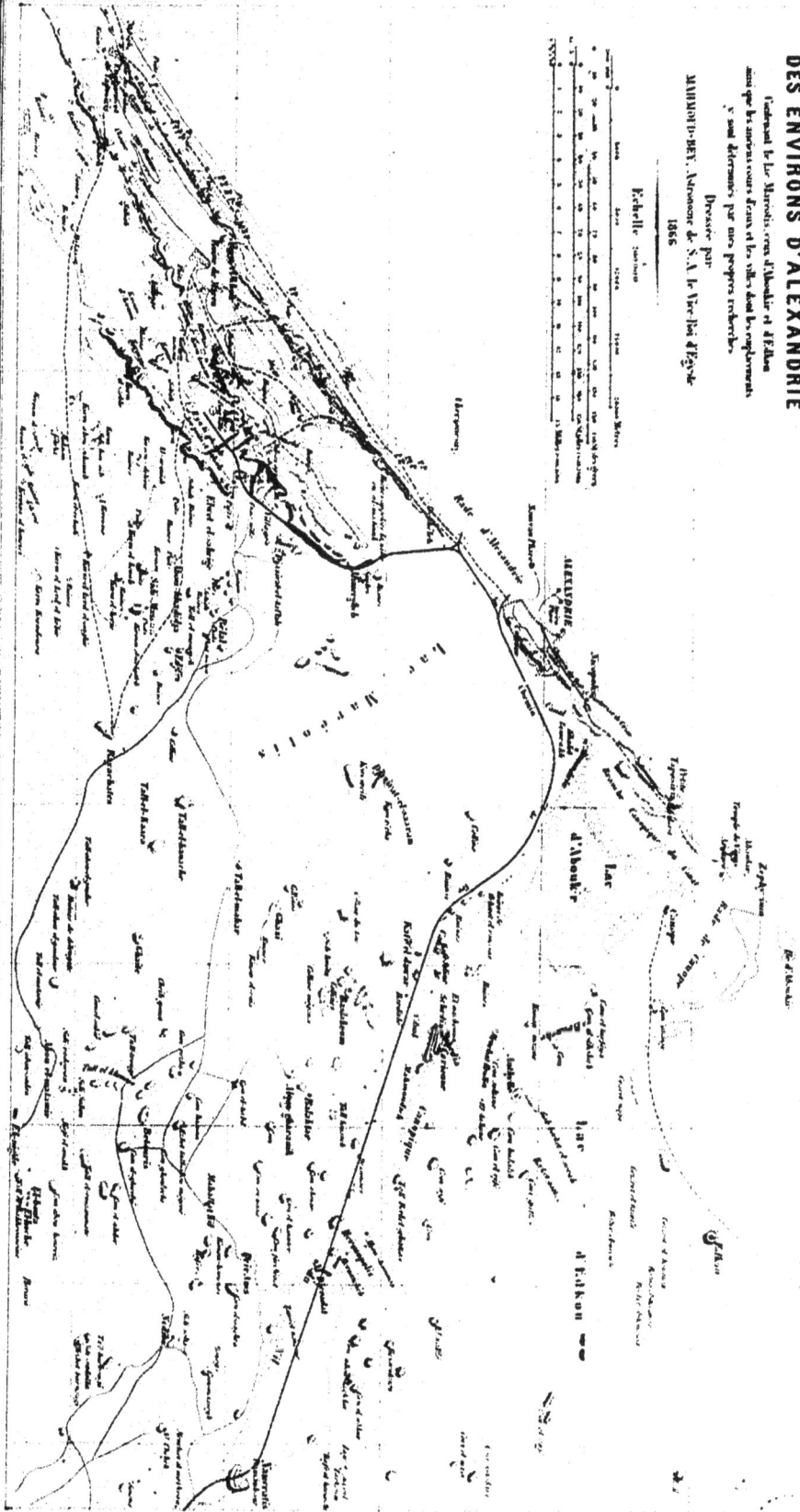

CARTE
DES ENVIRONS D'ALEXANDRIE

Contenant le Lac Maréotis, vers d'Aboukir et d'Edkou
ainsi que le anciens cours d'eaux et les villes dont le emplacements
y sont déterminés par une propres recherche.

Dressée par

MAHMOUD-BEY, Astronome de S. A. le Vice Roi d'Égypte

1866

Echelle

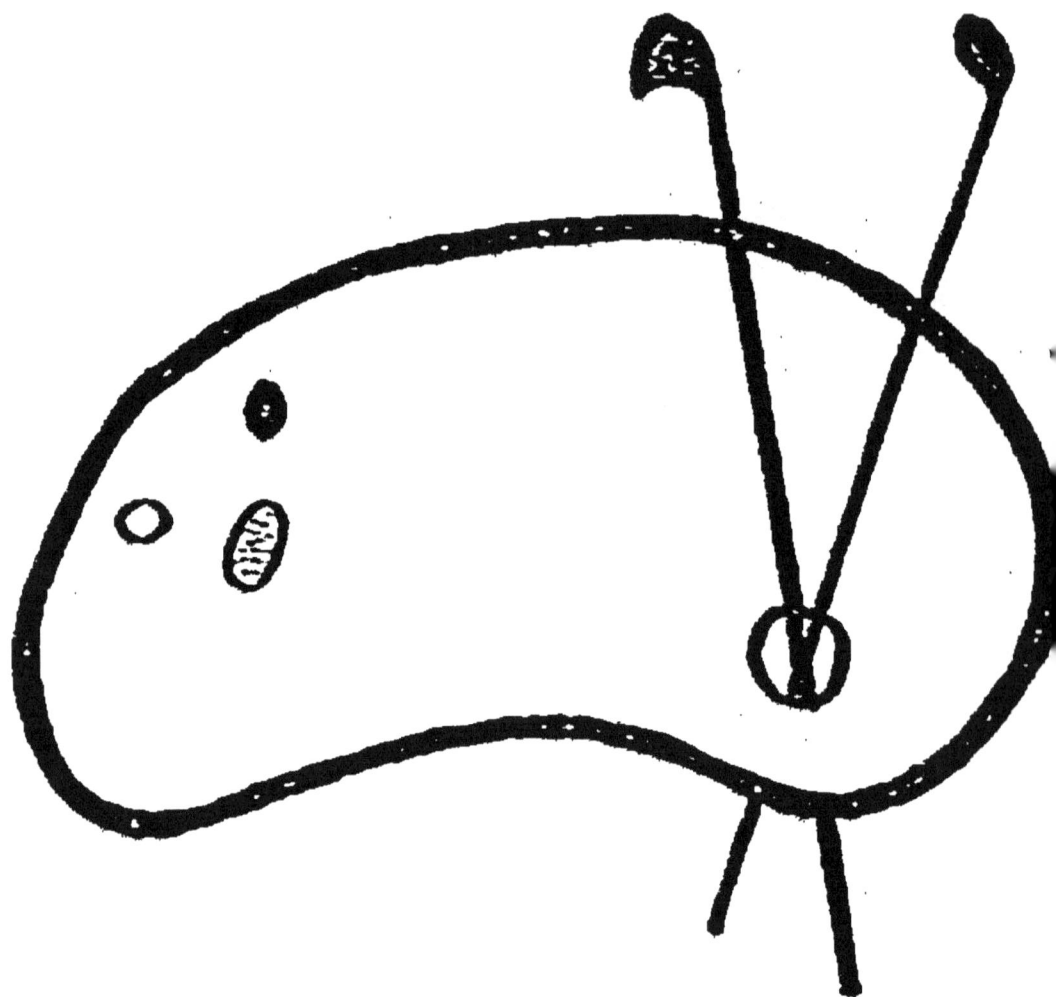

FIN D'UNE SERIE DE DOCUMENTS
EN COULEUR

www.ingramcontent.com/pod-product-compliance
Lightning Source LLC
Chambersburg PA
CBHW072116090426
42739CB00012B/2995